振冠 著

北美臨床佛教宗教師
的理論與實踐

Theory and Practice :
Clinical Buddhist Chaplaincy in North America

序 言 1

　　振冠法師的《北美臨床佛教宗教師的理論與實踐》即將付梓，作為指導教師，如同助產士看到孩子呱呱墜地，內心的喜悅不言而喻。

　　《北美臨床佛教宗教師的理論與實踐》是一部兼具學術價值與現實意義的優秀著作。北美臨床佛教宗教師萌生於 20 世紀 90 年代，是一個嶄新的社會現象。振冠法師以此為研究對象，闡述了臨床佛教宗教師職業的佛教依據，指明臨床佛教宗教師職業繼承了佛陀本懷，是佛教精神在現代社會的呈現，由此建構起臨床佛教宗教師職業的佛學理論基礎。振冠法師進而在繁蕪龐雜的佛教宗教師實踐探索中，提煉出具有共性的臨床佛教宗教師職業資質的獲得方式、職業資格的認證方式，並特別論述了臨床佛教宗教師的職業倫理規範，構築起臨床佛教宗教師的組織體系。最後兩章，振冠法師依據在醫院的親身工作經驗，從量化與案例兩方面，具體分析了北美臨床佛教宗教師的需求與供給現狀，闡述了佛教宗教師在北美臨床工作中的獨特價值與意義。

　　毫無疑問，本書選題新銳，體現了當代學術研究所必備的鮮明的問題意識。北美臨床佛教宗教師職業將古老的亞洲佛教文化傳統、當代醫療實踐、宗教背景的職業教育以及北美多元心性文化融為一體，雖然只有 20 多年的歷史，但本身是一個打通古今中外，跨越科學與宗教，體現全球化時代多元文化共榮的嶄新社會現象。振冠法師以此作為論文選題，前無古人，這為論文的成功奠定了基礎。

　　本書的重要貢獻是對北美臨床佛教宗教師的體系進行了精煉的概括，這不僅在漢語學界，即便睽諸英語學界，都是獨創性的貢獻。臨床佛教宗教師是一個涉及醫療、宗教、教育和職業的多學科現象，不同背景與類型的機構紛紛介入，都以各自的理解，探索自身的生存模式，形成了百花齊放的生態格局。面對如此豐富而雜蕪的實踐內容，對北美臨床佛教宗教師體系的概括就出現了對象俯拾皆是而又難以下筆的狀況。論文很容易寫成包羅萬象而沒有頭緒的大雜燴。生活是百花園，而以術語、概念、命題和範式對豐富多彩的社會生活現象予以科學概括，就構成了社會科學研究最為迷人而又最具挑戰的特質。振冠法師成功地應對了這一挑戰，他從理論背景、職業資質、倫理規範和社會實踐等方面，條分縷析，對北美臨床佛教宗教師的體系做出了精到的概括，體現了中華學術強調「立乎其大」的傳統，在臨床佛教宗教師研究領域豎立起一塊里程碑。

我與振冠法師相識久已，堪稱亦師亦友。2001年秋天，振冠法師考入中國佛學院，適逢我在那裡兼課講授「印度佛教史」，故有第一段師生之誼。再次遇見振冠法師，已是2016年的秋季，我被委派到紐約哥倫比亞大學東亞語言與文化系工作，而振冠法師彼時正在哥大社會工作學院學習。他鄉遇故知，我在紐約的三年與振冠法師互動密切。而我也很快發現，振冠法師已經成為華裔美國僧人的翹楚，是具有社會影響力的宗教人士。振冠法師2005年夏季自中國佛學院畢業後，旋即赴美，先後就讀於夏威夷大學、西來大學等，並獲得了西來大學的佛教宗教師專業碩士學位。2012年，他成為美國陸軍首位漢傳佛教隨軍宗教師，2014年以中尉軍銜調至西點軍校。振冠法師好學不倦，於2015年至2017年在哥倫比亞大學學習，獲得社工專業碩士學位。我有幸參加了振冠法師的畢業典禮，莊嚴而振奮！振冠法師是哥倫比亞大學263年歷史上首位來自中國大陸的漢傳佛教僧侶畢業生，由此受到校方和媒體的關注，畢業典禮當天振冠法師接受了多家媒體的採訪，令人印象深刻。

在與振冠法師的交流中，我對漢傳佛教宗教師這一職業的發生發展逐步有了一定的認識。從宗教社會學的視角看，這是20世紀以降中國人間佛教理念在北美的重要實踐，於是在2017年6月加拿大多倫多召開的第一屆「中加美三國佛教論壇」上，我發表了〈漢傳佛教的新探索：漢傳佛教傳教師制度的建立與實踐〉一文，後發表於中國大陸的《法音》雜誌，使漢語讀者對北美漢傳佛教的這一新突破有了初步的瞭解。

振冠法師既是北美佛教宗教師事業的參與者，也是一位重要的推動者。他於2015年發起建立的「美國漢傳佛教國際文教中心」本身就創建了自己的漢傳佛教宗教師認證體系，並先後3次傳戒。就佛教宗教師的未來發展而言，一方面很有必要對北美幾十年來的探索實踐做出總結，同時也很需要將這一成就反哺佛教的故鄉亞洲。由此我與振冠法師討論，何不讀一個博士學位，將北美佛教宗教師的體系做一徹底的清理與概括，總結過去，啟示未來！

經過1年多的思考，振冠法師接受了我的建議。2018年秋，法師重返北京，就讀於中國人民大學哲學院，以北美臨床佛教宗教師為題，攻讀宗教社會學專業的博士學位。2022年的3月至4月，是博士論文的最後修改階段，每個周日的晚上，我與振冠法師及同門學生，都一起逐字逐句，逐節逐章地研讀與修改論文，記得有一次我們工作到凌晨2點半，我足足休息了三天才恢復元氣。艱難困苦，玉汝於成。歷經4年的艱苦努力，振冠法師卓越地完成了設定的工作，順利畢業，成為中國人民大學85年歷史上第一位美國籍的漢傳佛教僧人博士畢業生！

城邦出版社慧眼識珠，編輯出版振冠法師的大作，顯示了深刻的學術洞見與高超專業水準，本人深表欽佩。我也祝願振冠法師這部著作的英文版能早日面世，以嘉惠全球學林！

　　是以為序。

中國人民大學哲學院教授
國際佛學研究中心主任
2022 年 11 月 6 日

序言 2：清淨心靈的修煉

　　振冠法師的這本新著《北美臨床佛教宗教師的理論與實踐》是關於佛教心靈修煉一個多元化、普遍化、系統化的研究。通過本書，可以認識到佛教宗教師如何以佛教的智慧與實踐，引領被關懷者及自我達到心靈的平靜與智慧。

　　第一次見到振冠法師是 2019 年我在美國哥倫比亞大學參加一場宗教靈性療癒的研討會。在那場研討會當中，我看到一位英文非常精準、流利，性情沈穩、洗鍊的佛教年輕法師。在他的報告當中我了解到他是全美國第一位獲得宗教師的華人、佛教比丘。他所呈現的照片裡也有著穿美國陸軍軍服的照片，原來他曾在美國西點軍校當過宗教師，他也在史丹福大學醫學院擔任過宗教師。這些資歷都是一位佛教比丘很難能獲致的。

　　振冠法師其時在哥倫比亞大學修完碩士學位，他告訴我，他與人民大學魏德東教授的計畫是希望能夠把佛教的宗教師系統，在華人社會裡普遍的建立起來。因此，他選擇回到中國大陸就讀中國人民大學博士班，在魏德東教授的指導下完成這本《北美臨床佛教宗教師的理論與實踐》。

　　振冠法師這本新書是一本破冰的傑作！「牧靈」是基督教兩千多年來對於生命的核心工作。中國儒家的生命本質是以「天道、仁愛、禮義」為核心，儒家最高的心性是體會天道，奉行天道；放諸世間是行仁愛，放諸人與人之間是重禮義。而佛教傳到中國以後，以心靈的對治作為其核心的生命目標。心本自清淨，只是被無明遮蔽。識本心，見本性，就是覺悟，即達到心靈的療癒與超越。其路徑正是振冠法師本書研究的主題。

　　佛教治心，類同於基督教的牧靈。基督教的牧靈以認識上帝，依循耶穌的道路為核心——「我是真理，我是生命，我是道路」。佛教的治心是以認識「人人本自俱足佛性」為核心。佛教哲學與實踐系統裡的「無緣大慈、同體大悲」就是對治心靈的崇高情懷與智慧。佛教當中的八正道，強調正念、正見、正語、正定、正命、正業、正精進、正思惟，這些都是對治心靈的良方，也是宗教師療癒被關懷者最終的目標。

　　佛陀對於心靈的對治是重實踐的。在日常中實踐「法」（Dharma），通過慈、悲、喜、捨四無量心，以及八正道法的修習，能讓人的心靈得到最終的清淨，獲致最高的智慧。

　　當代西方對佛教的概念總認為佛教是著重禪定的修習，以禪坐達到心靈的

平靜境界，這當然是有效與實在的法門。許多西方的大科技公司或大學都建立禪坐的課程，給予員工在紛擾繁忙的事務中，能夠讓心靈暫時休息，在靜定的過程當中，得到更大的平靜與創造力。振冠法師所撰寫的《北美臨床佛教宗教師的理論與實踐》之目的，就是要透過佛教的思想與修行體系，如何能夠更具體化與普遍化的給予每一個人心靈的療癒與智慧，這種努力是超越當代西方知識份子普遍認為佛教的心靈鍛鍊只是強調禪坐的這種片面的見解。

佛教的四聖諦「苦、集、滅、道」，以及華嚴宗的因陀羅網，甚至《法華經》的菩薩道，都是對治眾生心靈良方。四聖諦：「苦、集、滅、道」的透徹思維，有助於專注冥想、禪坐的人達到心靈的境界。而華嚴宗的因陀羅網，如振冠法師所言，能夠讓關懷者與被關懷者達到同理、感應的效果，透過同理心讓被關懷者達到心靈的療癒。

而《法華經》的力行菩薩道更是強調一切眾生都能夠成佛。成佛，意謂著覺悟的人，而覺悟意謂著心靈清淨與智慧具足。這樣的法華菩薩道所強調的是入世間救度眾生，在救度眾生當中渡化自心。這一直是本人的研究——「利他到覺悟」，從利他行到究竟的覺悟。

因此，振冠法師的巨著《北美臨床佛教宗教師的理論與實踐》出版之際，本人有幸能夠為本書作序，期待佛教宗教師對於心靈的關懷體系通過此書能夠更多元、更豐富、更深刻地開展出來。除了西方社會傳統認為佛教就是禪坐的法門之外，更希望能夠開拓「利他到覺悟」的法門。通過慈悲喜捨的具體行動去幫助社會中需要幫助的人，去關懷心靈受創、哀傷、憂苦的人，引領他們也能夠去幫助他人，去利他行，在慈悲利他中超越自身的哀傷。

本人在所處的慈濟功德會見證了無數人，都是在幫助他人當中超越自我的愛與傷。佛教強調人人本性具足，人人本來就慈悲與愛具足。這樣具足的本性，只有通過助人，通過慈悲，通過利他，才能夠真正地被自我發掘與開啟——那源源不絕的慈悲與愛的力量。

所以，在度一切眾生中，能得一切智慧。在度一切眾生中，能長養一切的慈悲。

這是本人在慈濟功德會所見證到的慈悲利他的力量。慈悲利他能夠引領人們走向心靈的清淨，達到生命清淨與智慧。

振冠法師一直希望能夠研究慈濟醫療的臨終關懷，在疫情期間他不克前來慈濟研究。衷心期望疫情解除後，振冠法師能夠到慈濟來給予指導。也一起集合更多有志之士，能夠將佛教宗教師的素養更規模化、系統化、多元化；甚而將「利他行」到「究竟覺」的心靈療癒體系一同建立起來，讓人們在佛教的體

系當中得到更多心靈療癒的方法與智慧。

　　振冠法師這本巨著是華人社會佛教宗教師建立的藍本。期待透過本書的付梓，能引起華人社會對於宗教療癒的重視，能促進佛教教界對於宗教療癒更多的投入。而在學術領域裡面，開拓佛教宗教療癒一寬廣、豐沛、滂沱的大海。

何日生

哈佛大學文理學院 CAMLab 特聘學者

慈濟基金會副執行長

2023 年 1 月 23 日

致　謝

本書得以順利完成，我要感謝中國人民大學哲學院博士生導師魏德東教授。魏老師在我初期研究的文獻分類整理，以及中後期的寫作，從其多年的國際訪學視野，開闊了我的思路。魏老師還從其豐富的宗教社會學田野調查經驗，為我寫作過程中遇到的各類困難，提供了行之有效的解決方案。

我要感謝慈濟何日生教授厚愛，推薦本書在臺出版併為序。感謝城邦文化集團布克出版社賈俊國總編及其同事林孝蓁等用心編輯、安排出版事宜。感謝清華大學哲學系副主任聖凱教授、北京大學佛教研究中心主任王頌教授對本書出版的支持與鼓勵。感謝中國人民大學張風雷教授、惟善教授、何建明教授、張雪松教授、鐘智鋒教授、姜守誠教授、溫金玉教授以及王俊淇教授，予本書寫作提供了富有建設性意義的題目修改、內容分類和章節重組寶貴意見，這些從本質上拓寬了本書的撰寫路徑。

我要感謝哈佛大學神學院察瑞歐（Giles Cheryl）教授、哈佛大學神學院多元宗教助理院長桑弗（Rev. Monica Sanford）博士、波士頓佈蘭迪斯大學宗教社會學系主任柯喬（Wendy Cadge）教授、那洛巴大學薈恩（Elaine Yuen）教授、加州伯克利佛學研究所坎斯特（Rev. Daijaku Judith Kinst）教授，以及西來大學佛教宗教師系主任苷希爾（Rev. Tina J. Gauthier）教授，在 2022 年 1 月 10 日允許我在寫作中，引用當時尚未發表的〈北美佛教宗教師地域分佈〉（"Mapping Buddhist Chaplains in North America"）第 1 期研究成果。

我要感謝中國人民大學哲學院「東門」王唯、趙慧利、牙偉鵬、李治宇、葛詩嫣、劉丹楓、于超、周瑜、周到、徐國堂、楊騰龍在疫情期間，協助我在國內收集相關中文文獻資料。這裏我要特別感謝中國人民大學哲學院博士生李治宇同學協助製作了書中描述性數據分析圖表。

我必須感謝美國南加州佛教會延壽寺主持˙妙˙相和尚、洛杉磯淨宗學會陳景昌居士夫婦、中國福建莆田廣化寺與福州芝山開元寺主持˙本˙性和尚，以及福州開元寺教育基金，對我在海外研究與本書寫作期間，給予的支持。感謝《北大佛學》、《佛學研究》、《中國佛學》、《國際佛學研究》（*Journal of International Buddhist Studies*）授權我使用曾經在其刊物上發表過的文章內容。

以上感謝的諸位善友師長，皆我人生貴人，如果沒有他們長期的支持與鼓勵，本書的寫作過程與出版事宜，無疑將困難重重，甚至無法完成。最後，相信在明眼人眼裏，本書研究不僅在理論範式上存在這樣或那樣的不足、偏差和

錯誤，一定還在內容上存在詮釋、論證、分析的缺陷。我在此慎重說明，書中出現的任何不足、偏差、錯誤或缺陷，責任完全在我本人，與他人無關，希望諸位善友知識，高才賢達，不吝賜教、斧正。

前　言

　　一本書的出版，令人興奮的同時，也使人敬畏其中的責任重大。特別是中國文人歷來崇尚「文以載道」，文章須言之有物，說明道理。這形成了本書的寫作宗旨，著重對何為臨床佛教宗教師，從真正參與者的視角進行「擺事實，講道理」的實地研究。目的在於忠實地描述北美臨床佛教宗教師的職業性質及社會功能意義，提供讀者了解該職業的歷史脈絡與現況洞見。

　　北美佛教徒大概在 1980 年代初期，開始以義工的形式進入到當地醫院為有需求的病人提供心性關懷服務。20 世紀 90 年代，北美第一次出現了職業化的臨床佛教宗教師，受聘帶薪在當地醫院工作，標誌了一類宗教社服職業的出現。

　　進入 21 世紀初，相應北美臨床佛教宗教師職業的「心性關懷」教育理論與實踐模式，依據了基督新教的臨床牧靈系統逐步建立。「臨床」英文 clinic，意指在地從事第一線病人照護，以實際應用性為根本，追求在日常工作中實現職業標準化，為病人提供在地、及時、適當、有效的服務。「職業」一詞英文 profession，《韋氏詞典》（*Merriam-Webster Dictionary*）定義為：具備宗教般信念、專業知識和長期實踐經驗。臨床佛教宗教師通過自身的佛學理念修養、專業的臨床知識積累和長期的在地實踐經驗，在臨床第一線為病人提供稱職的心性關懷服務，本身是駐院醫護團隊的成員之一。

　　臨床佛教宗教師為北美眾多佛教宗教師社服職業領域中（如軍隊、高校、監獄、警局、戒毒所、紅十字會、流浪漢救助站以及私人企業等），最早出現的一類佛教宗教師職業，特指在醫療系統領域從事佛教心性關懷。通常北美當地也將與此職業相關的宗教師稱為「醫院/醫療宗教師」（hospital/healthcare chaplain）。依據北美佛教宗教師在當地醫療機構的工作性質，及其依據臨床牧靈教育協會完成的佛教「臨床心性關懷」教育特徵而言，本書採用「臨床佛教宗教師」一詞。相對於「醫院/醫療宗教師」的「醫院」或「醫療」一詞，範疇過於寬泛，職業性質不明確，界限模糊，「臨床佛教宗教師」之「臨床」一詞，準確地傳遞了該領域工作者的從業性質與職業特徵。

　　職業中代表臨床佛教宗教師根本職能的「心性關懷」一詞，由當代北美基督教臨床宗教師沿用的「牧靈關懷」（pastoral care）與「靈性關懷」（spiritual care）轉化而來。亞洲臺灣與香港地區在 20 世紀末，採用了「教牧關懷」、「靈性關懷」、「心靈關懷」及「心靈關顧」等詞，定義臨床宗教師作為社會職業人的角色特徵。北美自 21 世紀以來，由於社會文化與宗教信仰多元化的趨勢越

發明顯，傳統基督教神學背景的「牧靈關懷」與「靈性關懷」詞彙，正被以實用的目的，依據不同的文化傳統、宗教信仰和社會科學需求（如心理學、精神分析學和人類行為學），進行著重新的定義。

本書採用「心性關懷」一詞，依據中國人民大學哲學院魏德東教授的建議而來，旨在從漢傳禪宗佛教明心見性視野，彰顯東方禪宗佛教文化與哲學思維風采，定義臨床佛教宗教師的心性關懷意義。

目前，北美臨床佛教宗教師職業的心性關懷教育在當地醫院進行，以應用佛學結合當代臨床應用理論、臨床倫理學、臨床心理學以及人類行為學的方式進行。實踐方面，以實際應用性範式發展出一套符合當地醫療機構作業的心性關懷職能。臨床佛教宗教師為有需求的病人、病人家屬、醫護團隊提供的心性關懷服務，在實際應用性操作層面，嚴格遵守了當地的法律法規、醫院政策和既定的宗教師職業倫理準則，定位自身作為社會職業人角色，形成了一套具有指導性信念意義的理論與實踐體系。

本書內容，在已有文獻基礎上結合個人多年來在臨床佛教宗教師領域的實踐結果。我在 2009 年接受洛杉磯西達賽奈醫療中心（Cedars-Sinai Medical Center）宗教師部門邀請，為該院有需求的佛教徒提供心性關懷服務，開啟了我的「臨床佛教宗教師」之旅。

2020 年至 2021 年我在北加州 D 市 F 大學醫院，從事臨床佛教宗教師駐院 1 年項目（CPE Residency），得以深入了解依據基督新教牧靈關懷教育形成的佛教「臨床心性關懷」教育內容，並在駐院工作期間以非概率性偶遇抽樣範式，收集病人的探訪數據與個案研究，嘗試了從宗教現代性與應用社會學的理論框架，科學客觀地對臨床佛教宗教師的理論與實踐進行系統性的梳理與探索。

本書在研究與寫作過程中，嚴格遵守了貝爾蒙特報告（Belmont Report）2018 年修訂後的人類研究對象保護（Human Research Protection）通用倫理準則，對收集到的病人數據與訪談內容進行了適當處理與有效保護。本書認為，北美臨床佛教宗教師以參與現代醫療的方式，具體踐行了歷史上佛陀及佛教所倡導的離苦得樂、普渡眾生的宗教本懷，展現了佛教對於現代社會職業體系的適應性與獨特貢獻，體現了佛教在當代社會的跨宗教價值。從漢傳佛教的視角看，臨床佛教宗教師開闢了人間佛教全球實踐的新篇章。

振冠
2022 年 11 月 7 日
於北加弗雷斯諾

目　錄

緒 論

0.1 選題背景

　　20 世紀 90 年代以來，作為一類宗教社服職業，臨床佛教宗教師出現於美國與加拿大，形成了統一的北美臨床佛教宗教師的理論與實踐體系。目前，美加兩國有關臨床佛教宗教師的教育、資格認證和職業倫理準則設定，均由兩地非盈利組織協作，依據契約精神，在尊重不同宗教信仰、文化傳統和價值理念的原則下，協商完成。[①]

　　1993 年，北美曹洞宗白梅系（White Plum Lineage of Soto Zen Buddhism）佈道師貝斯緹（Rev. Madeline Koi Bastis）通過宗教師職業協會（Association of Professional Chaplains，簡稱 APC）資格認證委員會（Board of Chaplaincy Certification Inc.，簡稱 BCCI）的臨床佛教宗教師的職業資格認證，隨後在紐約醫院照護癌症與愛滋病人，就此在北美歷史上開啟了臨床佛教宗教師的社會職業人角色先河。[②]

　　2004 年 7 月 22 日，隨著洛杉磯淨土真宗在家佈道師簡妮辛（Rev. Jeanette Shin）宣誓入職海軍後備役，成為第一位美軍佛教宗教師，受到美國國防部高層重視，從而把本來不為社會民眾所知的佛教宗教師職業，帶入公眾視野，成為一時焦點。[③] 簡妮辛在海軍的任職，促進了佛教宗教師的社會認知，醫療系統的臨床佛教宗教師藉此也有了長足的發展。經過近 30 年的努力，在借鑒已

[①]Rabbi Stephen B. Roberts, ed., *Professional Spiritual & Pastoral Care: A Practical Clergy and Chaplain's Handbook,* Woodstock: Skylight Paths Publishing, 2012, p.xi; The Constituent Boards of the Council on Collaboration, *Common Code of Ethics for Chaplains, Pastoral Counselors, Pastoral Educators and Students,* OR: CBCC, November 7, 2004, p.1.

[②]貝斯緹在 2007 年去世之前，同宗教師職業協會認證委員會與臨床牧靈教育協會（Association for Clinical Pastoral Education）進行了多方面的交流溝通，從而打開了北美臨床佛教宗教師的職業大門，使後來者得以進入基督新教背景的臨床牧靈教育系統，接受佛教的「臨床心性關懷」教育，以及申請宗教師職業協會認證委員會的臨床佛教宗教師的資格認證。參見 Danny Fisher, *Benefit Beings!: The Buddhist Guide to Professional Chaplaincy*, CA: Off Cushion Books, 2013, pp.41-43.

[③]簡妮辛入職宣誓儀式，在華府五角大樓海軍總部舉行，全程由海軍後備役總司令科頓將軍（John G. Cotton, Chief of Navy Reserve 2003-2008）與海軍宗教師總長埃澤洛少將（Louis Iasiello, Chief of Navy Chaplains 2003-2006）主持，隨後軍方進行了媒體宣傳。參見 Hendrick L. Dickson, "U.S. Navy Commissions Military's First Buddhist Chaplain," *Navy News Service*, July 22, 2004, accessed on February 7, 2022, available at https://www.navy.mil/submit/display.asp?story_id=14398; 另參見 "Q & A with Lt. Jeanette Shin, U.S. Military's First Buddhist Chaplain," *Tricycle*, October 4, 2011, accessed on February 7, 2022, available at https://tricycle.org/trikedaily/q-lt-jeanette-shin-us-militarys-first-buddhist-chaplain/

有基督教臨床宗教師牧靈教育與實踐體系的基礎上，北美逐步形成了有關臨床佛教宗教師的職業教育理論與實踐模式。

北美臨床佛教宗教師所沿用的「宗教師」一詞，英文為 chaplain，源於基督宗教的社會服務傳統，意指教會神父或牧師代表教會到教堂之外的世俗場域，為不能參加周日禮拜的信徒提供宗教服務，以佈道、祈禱、彌撒、施洗、聖餐禮或祝福等傳統宗教活動為主。[1] 在基督教的歷史上，這與強調「現前牧侍」（ministry of presence）的行業精神有很深的淵源。

譬如，16 世紀即有教會傳教士隨著名的英國航海家德雷克 （Sir Francis Drake，1540－1596）出海航行，隨侍船員，宣傳上帝福音。美國獨立戰爭期間，亦有教會傳教士隨華盛頓將軍（George Washington，1732－1799）出征，在戰場上牧侍，為信教士兵祈禱護佑，懺悔謝罪。[2] 直至今日，以我 2020 年至 2021 年在北加州 D 市 F 大學醫院的觀察為例，可以說，基督教臨床宗教師依然保持與發揚著「現前牧侍」的傳統，為教會事工在世俗社會事業單位的進一步延伸。[3]

20 世紀 70 年代以降，隨著北美實踐神學（practical theology）[4]的興起與推廣，「宗教師」不再僅僅局限於教會委派的神父或牧師等神職人員，而延伸至平信徒的參與。實踐神學對教職人員的要求，也不再單一地局限於在教堂為信徒傳播上帝福音，而賦予了更為廣泛、多元、極具建構性的當代定義，指向了教會的自身改良，發展出跨宗教文化、多學科借鑒的宗教社服模式。[5]

換言之，當代基督教會積極引導傳統神學理論結合當代人文科學，以全新面貌介入社會服務，在宗教場所之外的世俗事業單位為有需求者提供在地、及時、適當、有效的牧靈關懷。[6] 可以說，實踐神學在當代北美社會的興起與推

---

[1] The American Heritage Dictionary of the English Language, 5th Ed., "Chaplain," Houghton Mifflin Harcourt Publishing Company, 2020, available at https://www.ahdictionary.com/word/search.html?q=chaplain; Encyclopedia Britannica, "Chaplain," accessed on February 7, 2022, available at https://www.britannica.com/topic/chaplain

[2] Naomi K. Paget & Janet R. McCormack, *The work of the chaplain*, PA: Judson Press, 2006, p.1.

[3] 北美基督教臨床宗教師在醫療機構的工作有歷史淵源，體現了教會服務在社區的延伸，多數在醫院任職的基督教臨床宗教師，同時也在當地教會擔任神父或牧師職務。依據我在北加州 D 市 F 大學醫院的工作觀察，住院天主教徒病人，周日無法參加教會的禮拜彌撒或懺悔，會要求駐院宗教師安排當地神父探訪，為作彌撒、懺悔，這即使在新冠疫情嚴峻期間的 2020 年 12 月至 2021 年 3 月，也不例外。又據督導透露，維持醫院宗教師部門運作的資金，有兩方面來源：（1）來自醫院預算；（2）來自當地教會與平信徒的捐贈。

[4] 又稱「實用神學」或「應用神學」（applied theology），指神學在日常生活中的實際應用，為當代基督教神學社會實踐的一個研究領域。

[5] Guan Zhen, "Buddhist Chaplaincy in the United States: Theory-Praxis Relationship in Formation and Profession," *Journal of International Buddhist Studies, 2022, 13(1)*, pp.46-47.

[6] Alastair V. Campbell, "Is Practical Theology Possible?" *Scottish Journal of Theology*, 25(2), 1972, pp.217-227; C. Peter Wagner, *Your Church Can Grow*, CA: Regal Books, 1976, pp.136-137; James W. Fowler, *Faith*

廣，搭建起了傳統經院神學與當代世界社會人生問題解決的橋梁。①

實踐神學推動宗教師在不失去對上帝信仰的前提下，關照人間苦難，從實際應用性角度出發，強調了人作為個體在社會群體中的地位、價值、尊嚴及意義，尊重多元宗教、種族與文化，傾聽不同人群的心聲，有系統地吸取社會科學知識（如心理學、精神分析學和人類行為學），充實自身作為臨床宗教師的社會職業人角色，更好地進入社區服務人群。②至此，宗教師概念從本質上得到提升，成為尊重多元宗教信仰、文化傳統、人種族群，關注社會人文發展，提供職業化社服品質的當代職業人角色。基督教宗教師既服務基督徒，也服務非基督徒，甚至服務無宗教信仰者。他們實時介入社會大眾的生活事態處理，對各種具體問題，提供適當、有效的對策與解決方案。③

可以說，北美臨床佛教宗教師職業的出現與發展，很大程度上借助了 20 世紀 70-80 年代實踐神學的興起與推廣，一開始即被賦予了同「實踐神學」類似的宗教社服特徵與人文關懷情懷，並延續至今。④其價值觀，除了弘宗揚教之外，更要求從業者悲天憫人，深入開展有效的社會服務。

臨床佛教宗教師在醫療系統的工作，以佛教教理教義結合當代心理學、精神分析學和人類行為學原理，以多元宗教文化兼容的精神，依據需求者的宗教信仰，提供相應的心性關懷。⑤對此，臨床佛教宗教師要接受職業教育，申請

Development and Pastoral Care, Philadelphia: Fortress Press, 1987, pp.13-17; Gerben Heitink, *Practical Theology: History, Theory and Action Domains*, MI: Eerdmans, 1999, p.49.

①James Duke and Howard Stone, "An Orientation," in James Duke and Howard Stone, trans., *Christian Caring: Selections from Practical Theology [by Friedrich Schleiermacher]*, Philadelphia: Fortress Press, 1988, pp.13-14; Elaine L. Graham, Heather Walton, and Frances Ward, *Theological Reflection: Methods*, London: SCM Press, 2005, p. 14 & pp. 188-9.

②Robin Gill, "The Future of Practical Theology," *Theological Investigations*, 56(1), 1977, pp.17-22; Ian D. Bunting, "Practical Theology and Pastoral Training," *Evangelical Review of Theology*, 4 (2), 1980, p.116-122; Johan A. Wolfaardt, "Approaches to the Subject Called Practical Theology," *Journal of Theology for Southern Africa*, 51, 1985 p.55; James E. Loder, "Theology and Psychology," in Rodney J. Hunter, ed., *Dictionary of Pastoral Care and Counseling*, Nashville: Abingdon, 1990, pp. 1267-70.

③Reichard R. Osmer, *Practical Theology: An Introduction*, MI: Eerdmans, 2008, pp.5-10; Reichard R. Osmer, "Practical theology: A Current International Perspective," *HTS Teologiese Studies/ Theological Studies*, 2011, 67(2), pp.1-2; Elaine L. Graham, Heather Walton, and Frances Ward, op. cit., 2005, p. 14 & pp. 188-9.

④Monica Sanford, *Kalyāṇamitra: A Model for Buddhist Spiritual Care*, ON: Sumeru Press, 2021, pp.39-58.

⑤本書採用「心性關懷」一詞，以區別基督教背景的臨床宗教師的「牧靈關懷」與「靈性關懷」。「牧靈關懷」與「靈性關懷」形成了基督教臨床宗教師的服務模式，主要是通過現前牧牧與禱告的方式，鏈接病人的靈性與上帝聖靈的現前關係，藉此協助病人靈性增長、疾病療癒。20 世紀末，臺灣地區發展起來的臨床宗教師職業，採用「靈性關懷」一詞，詮釋臨床宗教師的服務特徵。21 世紀以來，由於北美社會文化與宗教信仰的多元化趨勢，接受臨床牧靈教育與申請宗教師資格認證人員的構成，除了有特定宗教信仰者，也有跨宗教（interfaith）、多元宗教（multifaith）、和合宗教（integral-faith/religion）信仰者、無宗教意向之個體靈修者、人文主義者以及無神論者。因此，源自基督教背景的「牧靈關懷」與「靈性關懷」一詞，被依據不同的宗教信仰與文化傳統，進行恰當的定義。參見社團法人臺灣靈性關懷專業人員協會，2022 年 1 月 7 日檢視，網址 https://www.spiritualcaregiver.org/；梁雯晶：〈靈性關懷：承接生命重量的指引〉，財團法人（臺灣）安寧照顧基金會，2022 年 1 月 7 日檢視，網址 https://www.hospice.org.tw/content/1473; John Welwood, *Toward a Phycological of Awakening: Buddhism,*

資格認證，然後進入醫院等機構，開展廣泛、多元的宗教社服工作。在成為宗教師後，還要在認證機構的指導下，保持系統的修持實踐，以維繫其職業所要求的情操品德。①

顯然，臨床佛教宗教師的工作與傳統寺院僧侶的職責有顯著的不同。傳統佛教僧侶以寺院為載體，通過寺院共修法會，為信徒提供佛教諮詢與心性關懷服務。活動空間在寺院，時間在共修法會，服務對象為佛教徒，服務內容與佛教教育與信仰相關。與此不同，臨床佛教宗教師的工作，空間在寺院之外的社會醫療機構；時間上，根據需求而定；服務對象不局限於佛教徒，可以是不同宗教信仰者，甚至是無宗教信仰者；服務內容除了提供佛教諮詢，也提供跨宗教關懷與諮詢，並旁涉其他社務領域的協作——如同臨床社工、臨床心理諮詢師與臨床精神分析師的協作。

目前，臨床佛教宗教師的人員構成，主要是出家僧侶。大體可以分為兩類，一是源於傳統南傳佛教與漢傳佛教僧侶，為出家人，沒有世俗的婚姻與家庭；另一類源於日本曹洞宗、淨土真宗與韓國曹溪宗等傳統，以及藏傳佛教的某些派別，這些佛教宗教師擁有世俗的婚姻與家庭。僧侶宗教師接受所屬佛教組織的督導，保持開放態度，尊重不同宗教信仰、文化傳統和價值理念，為不同宗教信仰的病人提供相應於其自身宗教信仰需求的心性關懷，或為無宗教信仰者提供不帶任何宗教性質的心性與情感支援。需要指出的是，臨床佛教宗教師的來源不局限於佛教僧侶，也包括在家的佛教居士。經過佛教訓練，經佛教社團授在家佈道師戒，完成佛教教職人員資格認證後，佛教居士就可以成為佛教的宗教師，代表所屬佛教社團的宗派傳統（如禪宗、淨土宗或密宗等），到寺院之外的社會醫療機構，開展服務。

臨床佛教宗教師的就業資格，主要有兩方面。第一，必須受戒，成為某一佛教組織的教職人員；第二，到臨床牧靈教育協會（Association for Clinical Pastoral Education，簡稱 ACPE）等機構認證的醫院或安寧療護中心，完成一

Psychotherapy, and the Path of Personal and Spiritual Transformation, Boston: Shambhala, 2000; Carrie Doehring, *The Practice of Pastoral Care: A Postmodern Approach*, Louisville, KY: Westminster John Knox Press, 2015, p. xxiii.; 振冠：〈北美佛教宗教師實踐規範初探——倫理準則、法律依據與能力界限〉，《佛學研究》，北京佛教研究所，第 1 期，第 316 頁。

①Daijaku Judith Kinst, "Cultivating an Appropriate Response: Educational Foundations for Buddhist Chaplains and Pastoral Care Providers,"in Cheryl A. Giles and Willa B. Miller, ed., *The Arts of Contemplative Care: Pioneering Voices in Buddhist Chaplaincy and Pastoral Work*, Boston: Wisdom Publications, 2012, pp.9-16; Andrew Todd, "Responding to Diversity: Chaplaincy in a Multi-faith Context," in M. Threlfall-Holmes and M. Newitt, eds., *Being a Chaplain*, London: SPCK, 2011. pp.89–102; Howard Clinebell and Bridget Clare McKeever, 3rd ed., *Basic Types of Pastoral Care & Counseling*, TN: Abingdon Press, [1966] 2011, pp.2-4; Winnifred Fallers Sullivan, *A Ministry of Presence: Chaplaincy, Spiritual Care, and the Law*, Chicago: The University of Chicago Press, 2014, pp. IX-X.

定時間的臨床心性關懷教育。不同醫院對於宗教師申請者的要求不盡相同，有的醫院要求申請者必須具有宗教師職業協會（APC）資格認證委員會（BCCI）的臨床佛教宗教師的職業資格認證，也有醫院要求候選人必須在北美高等教育認證委員會（Council for Higher Education Accreditation, 簡稱 CHEA）認證的高校修完 72 學分制的佛教宗教師碩士學位（Masters of Divinity in Buddhist Chaplaincy）。[1]

在北美，相對於其他領域的佛教宗教師，臨床佛教宗教師的教育與實踐體系都更為完備。因此，有志申請到軍隊、監獄、高校或私人企業公司等社會事業單位工作的佛教徒，也常常被建議在 ACPE 認證的醫院或安寧療護中心，完成至少 1 單元 400 小時的臨床佛教宗教師心性關懷教育，如此便具備了更好的市場就業競爭力。

北美臨床佛教宗教師職業的出現及其開展，代表了佛教傳統智慧的現代轉化。臨床佛教宗教師學習當代社會科學的理論與方法，進入社會醫療機構，為有需求者提供佛教心性關懷，協助病人疾病療癒，提升病人身、心、社、靈全人照護品質。這種以佛法紓解眾生苦難的現代實踐，既回歸了歷史上釋迦牟尼佛的渡人本懷，同時發揚了漢傳大乘佛教的菩薩道精神，也符合近代中國佛教太虛大師（1890-1947）提倡的「人間佛教」理念，對現實社會人生問題，提供有效的對策與解決方案，使佛學成為一門經世致用之學。[2]

據此，全面了解北美臨床佛教宗教師的教育體系、認證方式、倫理規範，以及宗教師的服務實踐與內容，對於深入理解佛教的現代價值及當代社會的宗教心性需求，都具有重要的理論與現實意義。

0.2 選題意義

北美臨床佛教宗教師在醫療機構的工作，體現出有別於傳統佛教的宗教社服職能與作用，但又與佛法僧三寶住世，醫治眾生身疾心病的理論教導息息相關。本書關注了北美臨床佛教宗教師的這一特徵，從佛教宗教師的教育體系、認證方式、倫理規範，以及宗教師的服務實踐與內容，進行了研究，認為（1）臨床佛教宗教師的工作有其佛教理論與歷史依據；（2）臨床佛教宗教師的職業人角色，建立在嚴謹的職業資質教育與資格認證程式之上；（3）臨床佛教宗教

---

[1] 振冠：〈北美佛教宗教師概念綜述〉，《佛學研究》，2018 年 2 期，第 86-90 頁。

[2] 魏德東：〈漢傳佛教的新探索——漢傳佛教傳教師制度的建立與實踐〉，《法音》，北京中國佛教協會，2017 年第 7 期，第 45 頁；能仁、振冠：〈太虛「佛教宗教師」理念——略論僧信建制與當代北美佛教宗教師專業〉，《北大佛學》，北京社會科學文獻出版社，2020 年第 2 輯，第 175-196 頁。

師的實踐有嚴謹的倫理規範；（4）臨床佛教宗教師提供的心性關懷特質，具備多元的特徵與模式。通過研究，本書探析了北美臨床佛教宗教師職業的當代性意義。

0.3 文獻綜述

目前有關北美臨床佛教宗教師的研究文獻，集中在哈佛大學神學院察瑞歐和維拉 （Miller Willa） 教授 2012 年主編出版的《冥想關懷藝術：佛教宗教師先驅者之音與心性關懷工作》（*The Arts of Contemplative Care: Pioneering Voices in Buddhist Chaplaincy and Pastoral Work*）論文集第 2 章「服務病人：醫院佛教宗教師職業藝術」（"Serving the Sick: The Arts of Hospital Chaplaincy"）。

該章由 6 篇散文格式的「論文」組成，從佛學的角度探討了臨床佛教宗教師日常工作中的應用意義，內容包括了「四聖諦」、「八正道」、「般若性空」、「無我無著」、「自他不二」、「無緣大慈」以及「同體大悲」等佛學理論。[1]

鮑爾（Rev. Mark Power）臨床佛教宗教師[2]在〈基督教背景下的佛教宗教師職業：個人歷程〉（"Buddhist Chaplaincy in a Christian Context: A Personal Journey"）一文中，分享了自己作為佛教徒，如何在天主教聖約翰醫院接受「臨床心性關懷」教育與工作經歷，具體以佛學「慈心」、「悲心」、「正念」、「現前」以及「無我」觀，心無掛礙地為基督徒病人提供適當的「心性關懷」服務 （如禱告、祝福、緊急施洗等宗教儀式）。鮑爾強調了臨床佛教宗教師的工作，必須遵循「現前無我」的佛教精神指導，協助非佛教徒病人實現「藉病悟道」的意義。[3]

關於「藉病悟道」，赫希（Rev. Trudi Jinpu Hirsch）臨床佛教宗教師[4]在〈四聖諦作為冥想關懷架構〉（"The Four Noble Truths as a Framework for Contemplative Care"）一文中指出，禪者視野下的臨床佛教宗教師為有需求病人提供的心性關懷，是佛教般若智慧自他不二法門的顯發。

　　[1]Cheryl A. Giles and Willa B. Miller ed., *The Arts of Contemplative Care: Pioneering Voices in Buddhist Chaplaincy and Pastoral Work*, Boston: Wisdom Publications, 2012, pp.54-110.
　　[2]鮑爾為北美藏傳佛教葛舉與寧瑪派受戒在家佈道師。1996 年，鮑爾在加州奧克斯納德（Oxnard）市天主教聖約翰院接受一年的臨床心性關懷教育，專注了病人臨終關懷與緩和療護領域。
　　[3]Mark Power, "Buddhist Chaplaincy in a Christian Context: A Personal Journey," in Cheryl A. Giles and Willa B. Miller, ed., *The Arts of Contemplative Care: Pioneering Voices in Buddhist Chaplaincy and Pastoral Work*, Boston: Wisdom Publications, 2012, pp.63-71.
　　[4]赫希為北美曹洞禪宗白梅系受戒在家佈道師，第一位通過宗教師職業協會認證委員會認證的臨床佛教宗教師督導與培訓師。赫希曾為紐約禪修冥想關懷中心臨床佛教宗教師教育項目的培訓師，以及學員在當地醫院實習的協調人。目前赫希為紐約波啟浦夕市（Poughkeepsie）瓦瑟兄弟醫療中心（Vassar Brothers Medical Center）臨床佛教宗教師督導與培訓師。

實踐中，臨床佛教宗教師見證他者生老病死苦與自我身心五蘊煩惱的關係。以苦為師，覺悟四諦與大乘菩薩道「無緣大慈」與「同體大悲」。赫希進一步認為，臨床佛教宗教師的工作與歷史上喬達摩・悉達多太子出三門見老病死苦，體悟生死，悟四諦法成佛故事，存在關聯性，並具有四方面的意義：（1）具備了認知苦、苦集、苦滅及滅苦之道的意義；（2）具備了體悟病與佛法苦、空、無常、無我以及涅槃寂靜的心性解脫關係；（3）具備了四諦教法與慈悲智慧的結合；（4）成就自他不二解脫門，圓滿自利利他菩薩行。[①]

有關北美臨床佛教宗教師的「自利利他」菩薩行，紐約冥想禪修關懷中心（New York Zen Center for Contemplative Care）創始人之一的坎貝爾法師（Rev. Robert Chodo Campbell）在〈轉法輪的多元方式〉（"The Turning of the Dharma Wheel in Its Many Forms"）一文中，提出了不同於赫希的觀點。坎貝爾法師認為臨床佛教宗教師的「轉法輪」利他，在「無我」的佛教教義引導下，具備了回應不同關懷對象需求的多元特徵。這裏的「無我」，指臨床佛教宗教師以病人為中心，提供心性關懷的過程中捨棄「自利」的願望。相對於赫希提出臨床佛教宗教師的工作具備「自利利他」的觀點，坎貝爾法師認為臨床佛教宗教師的工作是「無我利他」。這要求臨床佛教宗教師保持「未知」的開放心態，放下「我能解決問題」的態度，僅作為病人人生苦樂的見證人，工作中成就慈心利他無害行。[②]

北美病人的族群、宗教信仰與文化傳統，具有多元的特徵。臨床佛教宗教師提供的服務，亦呈多元的趨勢。既提供跨宗教、多元宗教與和合宗教的服務，也提供一般的情緒與感受支援。模式上，有自身介入與推薦他人介入服務的兩種不同。

前者指臨床佛教宗教師依據病人要求，提供非佛教的宗教儀式（如禱告與祝福等）；後者指臨床佛教宗教師依據病人意願，推薦其他宗教師介入服務。柏霖（Christ Berlin）臨床佛教宗教師[③]在〈擴大關懷範疇：醫院佛教宗教師職業之入世菩提心〉（"Widening the Circle: Engaged Bodhicitta in Hospital Chaplaincy"）一文中認為，臨床佛教宗教師要想做好自我介入或推薦他人介入關懷，必須具備「入世菩提心」與「同體大悲」的精神，去除為異教徒服務

[①]Judi Jinpu Hirsch, "The Four Noble Truths as a Framework for Contemplative Care," in Cheryl A. Giles and Willa B. Miller, ed., *The Arts of Contemplative Care: Pioneering Voices in Buddhist Chaplaincy and Pastoral Work*, Boston: Wisdom Publications, 2012, pp.56-63.

[②]Robert Chodo Campbell, "The Turning of the Dharma Wheel in Its Many Forms," in Cheryl A. Giles and Willa B. Miller, ed., *The Arts of Contemplative Care: Pioneering Voices in Buddhist Chaplaincy and Pastoral Work*, Boston: Wisdom Publications, 2012, pp.73-80.

[③]柏霖為南傳佛教內觀禪與藏傳佛教結合練習者，在美國東岸波士頓地區醫院從事癌症與愛滋病人心性關懷工作，同時也從事教導臨床病人、護士與臨終關懷從業人員的佛教禪修冥想與瑜伽課程。

的心理障礙，達到有效協助不同宗教信仰的病人離苦得樂的意義。[①]

　　實踐中，臨床佛教宗教師如何有效協助不同宗教信仰的病人離苦得樂？紐約冥想禪修關懷中心的另一位創始人艾利森法師（Rev. Koshkin Paley Ellison）在〈因陀羅網：道元禪師與《華嚴經》提供的心性關懷供給者之道〉（"The Jeweled Net: What Dogen & the Avatamsaka Sutra Can Offer us as Spiritual Caregivers"）一文中，從《華嚴經》因陀羅網互攝互融、你中有我、我中有你的敘述中，進行解答。艾利森法師認為這也是 20 世紀初期北美臨床牧靈關懷教育運動發起人波森牧師（Rev. Anton Theophilus Boisen, 1876-1965），早期臨床實踐中將病人視為「活體檔案」（"living human documents" 臨床實踐中，此指以病人為中心、為老師），從身、心、社、靈全人照護視角，提供在地、及時、適當、有效牧靈關懷的精神所在。

　　艾利森法師認為《華嚴經》因陀羅網的隱喻，在北美臨床佛教宗教師的實踐中，體現了關懷供給者與關懷尋求者之間互相影響的關係。臨床佛教宗教師為病人提供的心性關懷服務，是個完整的全人照護進程，鏈接了自身與病人的心性友誼。此有如因陀羅網上的摩尼寶珠，光光相照，使佛學理論與臨床牧靈「活體檔案」的關懷模式有效結合，協助病人離苦得樂；是「我」與「無我」的互攝互融，是心性共鳴的自覺覺他。[②]

　　莫尼特（Mikel Ryuho Monett）臨床佛教宗教師在〈宗教師之道：以佛教範式為根基〉（"The Way of the Chaplain: A Model Based on a Buddhist Paradigm"）一文中認為，臨床心性關懷的「自覺覺他」，由佛教宗教師、病人、家屬以及醫療團隊成員的交叉協作的有效性而來。此中，臨床佛教宗教師提供的心性關懷的有效性，主要是延續了佛學中慈悲、善巧、智慧、戒力以及願力職能。在符合歷史上佛陀教法和當代臨床應用理論的原則下，從實踐與理論兩方面完成臨床佛教宗教師對病人提供在地、及時、適當、有效的心性關懷權威特性。[③] 現任洛杉磯西來大學佛教宗教師系主任苢希爾（Rev. Tina J. Gauthier）教授在〈疾病與醫院探訪〉（"Sickness and Hospital Visitation"）一文中認為，北美臨床佛教宗教師為有需求病人提供的心性關懷的權威特性，主要體現在協助病人

　　[①]Christ Berlin, "Widening the Circle: Engaged Bodhicitta in Hospital Chaplaincy," in Cheryl A. Giles and Willa B. Miller, ed., *The Arts of Contemplative Care: Pioneering Voices in Buddhist Chaplaincy and Pastoral Work*, Boston: Wisdom Publications, 2012, pp.81-91.

　　[②]Koshkin Paley Ellison, "The Jeweled Net: What Dogen & the Avatamsaka Sutra Can Offer us as Spiritual Caregivers," in Cheryl A. Giles and Willa B. Miller, ed., *The Arts of Contemplative Care: Pioneering Voices in Buddhist Chaplaincy and Pastoral Work*, Boston: Wisdom Publications, 2012, pp.93-103.

　　[③]Mikel Ryuho Monett, "The Way of the Chaplain: A Model Based on a Buddhist Paradigm," in Cheryl A. Giles and Willa B. Miller, ed., *The Arts of Contemplative Care: Pioneering Voices in Buddhist Chaplaincy and Pastoral Work*, Boston: Wisdom Publications, 2012, pp.105-110.

實現身、心、社、靈全人照護進程中，生理病苦與心性解脫間產生的重要交集作用。[1]

綜上，已有北美臨床佛教宗教師的文獻研究，主要從佛學理論探討了臨床佛教宗教師的日常工作意義。內容突顯了「佛法在世間，不離世間覺」的實際應用性，注重以開放態度、多元視野，為不同需求的關懷對象，提供相應的心性關懷服務，據此定位臨床佛教宗教師作為社會職業人角色的職能發展意義。

0.4 研究方法與內容

本書採用宗教現代性與應用社會學的理論框架，以定性與定量相結合的研究方法，對北美臨床佛教宗教師的理論與實踐進行了系統的梳理與探索性研究。認為，北美臨床佛教宗教師以現代醫療的方式具體踐行了佛陀及佛教所倡導的離苦得樂、普渡眾生的宗教本懷，展現了佛教對於現代職業體系的適應性與獨特貢獻，體現了佛教在當代社會的跨宗教價值。從漢傳佛教的視角看，臨床佛教宗教師開闢了人間佛教全球實踐的新篇章。

圍繞臨床佛教宗教師的理論與實踐這一主題，本書分六章予以闡述。第 1 章從佛學理論與歷史源流，探討了北美臨床佛教宗教師職業的宗教理論依據。第 2 章對目前龐雜繁蕪的北美臨床佛教宗教師的教育培訓體系進行了梳理、概括、分析，詳細闡述了臨床牧靈教育協會（ACPE）開展的佛教心性關懷教育的歷史、宗旨、組織結構、教育內容以及臨床實踐模式，並論述了當代佛教團體力圖進入此一領域所做的努力。

第 3 章描述了臨床佛教宗教師的職業資格認證體系，包括資格認證的意義、機構、醫學要求、佛教要求和程式，展現了佛教對當代醫療體系的適應及貢獻。第 4 章從美國憲法、法律法規、《宗教師倫理準則》（*Code of Ethics for Professional Chaplains*）、《宗教師、牧靈諮詢師、牧靈教育者與學員公共倫理準則》（*Common Code of Ethics for Chaplains, Pastoral Counselors, Pastoral Educators and Students*，以下文中簡稱《公共倫理準則》）以及醫療單位規定入手，結合臨床實踐經驗，全面系統地探討了北美臨床佛教宗教師的倫理規範，包括價值觀與宗教觀要求、病人隱私權利保護、正確診斷與合理評估、宗教師介入模式，以及佛教宗教師自身的權利保護等。

第 5 章以我在工作中收集的 n=993 位病人，探訪總次數 tv.=1,188 的第一手

---

[1] Tina J. Gauthier, "Sickness and Hospital Visitation," in *A Thousand Hands: A Guidebook for Caring for Your Buddhist Community*, ed., Nathan Jishin Michon and Daniel Clarkson Fisher, ON: Sumeru Press, 2016, pp.67-69.

數據為基礎，對臨床病人的人口學特徵、宗教信仰和地域來源等進行了具體的量化分析，並特別分類剖析了臨床病人對於佛教心性關懷內容的要求，以及臨床佛教宗教師作為「心性關懷供給者」的工作內容與特質。第 6 章運用案例研究法，在急診癌症物療科、骨科、精神疾病科以及疼痛科等 4 個對臨床宗教師需求較多的科室，分別擇取 1 位病情、信仰等方面具有典型性的病人進行個案分析，展現了在人種族群與宗教信仰多元的醫療機構環境中，面對病人複雜的家庭背景、人際關係和不同的心性關懷需求，佛教宗教師與病人、家屬間的有效溝通與互動，體現出臨床佛教宗教師的社會意義。

在全球範圍內，臨床佛教宗教師至今仍然是一個嶄新的職業，尚在探索與發展之中，充滿多樣性與差異性。北美臨床佛教宗教師體系的出現，對於亞洲以及全球臨床心性關懷的發展，都具有一定的啟發意義。

第 1 章 臨床佛教宗教師職業的佛教依據

本章將結合已有佛教文獻資料，探討北美臨床佛教宗教師作為社會職業人，不同於基督教神學「牧羊人」角色的佛學「牧牛人」角色特徵，及其中所體現出的不同於「牧靈關懷」的「心性關懷」核心職能。本章還將從「臨床佛教宗教師」的角度，分析佛教經典文獻中記載的歷史上佛陀及其大弟子的探病案列，探索依據佛學理論形成的臨床佛教宗教師心性關懷模式。

1.1 宗教師的角色隱喻

作為社會職業人，臨床佛教宗教師具有不同於基督教臨床宗教師的角色特徵，其差異主要體現於「牧羊人」與「牧牛人」的角色隱喻。

在基督教中，「牧羊人」是最重要的隱喻之一。《聖經·舊約·詩篇》說：「耶和華是我的牧者，我必不至缺乏。」（詩篇 23:1 和合本）[1]《聖經·新約·約翰福音》說：「我是好牧人，好牧人為羊捨命。」（10:11）「我是好牧人：我認識我的羊，我的羊也認識我；正如父認識我，我也認識父一樣，並且我為羊捨命。」（14-15）[2] 在這裏，神是「牧羊人」，信徒是羊；神作為牧羊人的角色職能，藉由聖靈，引領迷失羔羊歸主。[3]

所謂基督教臨床宗教師，亦可從「牧羊人」隱喻給予詮釋。在臨床服務中，宗教師極像牧羊人一樣，以「現前牧侍」的形式，通過施洗病人、施行聖禮、聆聽懺悔等方法，以神的眷顧、恩賜與仁慈，將病人的靈性與聖靈鏈接起來，幫助病人疾病療癒、靈性增長、靈魂救贖。[4]

基於這一背景，對當代北美基督教臨床宗教師的社會職業人角色定義，亦有「牧靈人」之謂。[5] 在精神源頭上，基督教臨床宗教師的社會職業人角色，

---

[1] 中文和合本《聖經·舊約·詩篇》，電子版，2022 年 2 月 20 日檢視，網址 https://wd.bible/psa.23.1.cunps

[2] 中文和合本 《聖經·新約·約翰福音》，電子版，2022 年 2 月 20 日檢視，網址 https://wd.bible/jhn.10.11.rcuvs

[3] The Holy Bible, "The Holy Gospel of Jesus Christ, according to St. John," p.1390. available at http://triggs.djvu.org/djvu-editions.com/BIBLES/DRV/Download.pdf; Howard Clinebell and Bridget Clare McKeever, op. cit., pp.4-5.

[4] James Woodward, Stephen Pattison, and John Patton, *The Blackwell Reader in Pastoral and Practical Theology*, Oxford: Blackwell Publishers, 2000, p. 23.

[5] John Patton, *Pastoral Care in Context: An Introduction to Pastoral Care*, KY: Westminster/John Knox Press, 1993, pp.23-26; Andrew D. Lester, *The Angry Christian: A Theology for Care and Counseling*, KY: Westminster/John Knox Press, 2003, pp.36-39.

體現了聽從天命召喚，牧養眾生的情懷。[①]

　　相對於基督教的「牧羊人」角色，佛教則有「牧牛人」的角色隱喻。所謂牧牛人，佛教經典中指出家人，牛，比喻眾生。牧牛人要使牛健康成長，並增長牛的數量，就必須具有牧牛的豐富知識。《增壹阿含經》中有《放牛品》，獨立成篇為《佛說放牛經》，指出牧牛人需要成就十一法，也就是需要知道十一種知識與品德，具體是：一知色，譬喻身體乃為四大和合而成；二知相，譬喻知善惡之相；三知摩刷，譬喻離惡念；四知護瘡，譬喻護持五根；五知起煙，譬喻多聞佛法；六知良田茂草，譬喻八正道；七知所愛，譬喻喜愛佛法；八知擇道行，譬喻行十二部經，清楚佛法對治各種煩惱；九知渡所，譬喻四意止，即觀身不淨、受是苦、心無常、法無我；十知止足，譬喻不貪圖食欲；十一知時宜，譬喻恭奉師長。只有具備了這十一種知識與品德，才能做好牧牛人。[②]

　　佛教中還有《佛遺教經》，從牧牛人控制欲望的角度，闡述牧牛人的職責。「當制五根，勿令放逸入於五欲。譬如牧牛之人執杖視之，不令縱逸犯人苗稼。」[③]這是說如果牛要放縱本能，牧牛人要能夠對治。

　　在中國佛教中，宋代普明禪師創作《牧牛圖頌》[④]，以圖文並茂的方式，以牧牛為喻，闡明證悟佛法、明心見性的次第。該方法具有如下四點特徵：（1）注重身心因果定律；（2）觀察五蘊無常身心苦惱；（3）思維佛法八正道、四聖諦與身心離苦關係；（4）勤修戒定慧，熄滅貪嗔癡，最後覺悟成佛，心性解脫。[⑤]這裏，「牧牛人」的角色設定，體現在通過佛法實踐，在內心生起對根、塵、識的覺照智慧，在自他心性關懷路上，循循漸進，最後達到人牛雙泯的解脫境界，所謂：「誰道三更失卻牛，溪山獨立悵無儔；空來兩手真難放，一拍虛空笑點頭。」[⑥]

　　作為社會職業人的臨床佛教宗教師，其「牧牛人」的角色隱喻，就是作為佛法僧三寶的代表，在病人疾病療癒的進程中，以善友或善知識的角色，為病人提供恰當的心性關懷，協助病人紓解由疾病引起的身心煩惱，最後藉病悟道，心性解脫。

　　顯而易見，無論是基督教，還是佛教，都運用了牧者這一概念，展現對信徒的幫助。這一共同性也體現在對臨床宗教師的闡述上。原加州伯克利佛教研

　　①The Holy Bible, "The Acts of the Apostles," p.1438, accessed on February 17, 2022, available at http://triggs.djvu.org/djvu-editions.com/BIBLES/DRV/Download.pdf
　　②《增壹阿含經》卷四十六，《大正藏》第 2 冊，第 794-795 頁上。
　　③《佛遺教經》，《大正藏》第 12 冊，第 1111 頁上。
　　④《牧牛圖頌》，《嘉興大藏經選錄》第 23 冊，第 358-362 頁中。
　　⑤《增壹阿含經》卷四十六，《大正藏》第 2 冊，第 546 頁上-下。
　　⑥《牧牛圖頌》，《嘉興大藏經選錄》第 23 冊，第 362 頁上。

究所（Institute of Buddhist Studies, Berkeley）坎斯特教授曾在 2014 年美國宗教學會（American Academy of Religion）年會上，提出佛教的「牧牛人」角色隱喻對應了基督教臨床宗教師的「牧羊人」角色隱喻。[①] 坎斯特教授亦將臨床佛教宗教師的職能描述為「佛教牧靈關懷」（Buddhist pastoral care）。[②]

　　與此同時，我們也應該看到，基督教的牧羊人與佛教的牧牛人在隱喻的指向上，也有著顯著的差異。格雷厄姆（Elaine L. Graham）、沃爾頓（Heather Walton）與沃德（Frances Ward）在《神學反省性思惟模式》（*Theological Reflection: Methods*）一書中指出，作為「牧羊人」角色的基督教臨床宗教師，重點體現了神學在現實日常生活應用中鏈接人神關係的「牧靈關懷」職能，並以這種職能作為協助病人疾病療癒、靈性增長與靈魂救贖的終極願景。[③]

　　作為「牧牛人」角色的臨床佛教宗教師，沒有神學上的人神關係與靈魂救贖意義，主要強調了協助病人在疾病中「牧心」自悟自度的心性關懷職能，在這一過程中，病人在心性解脫上，不假他力，具備主動性與完全自主性。如下圖所示，作為「牧羊人」角色的基督教臨床宗教師，為病人提供的牧靈關懷職能，體現在神和病人從上至下的垂直關係中。此中，神、基督教臨床宗教師、病人，呈三點一線的聯結關係，高中低權力結構分明：

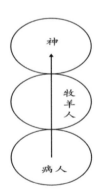

　　不同於基督教神學背景下臨床宗教師的牧羊人角色，臨床佛教宗教師的牧牛人角色，在疾病療癒與心性解脫的權力結構上，與病人處於平等地位。在實踐中，臨床佛教宗教師帶有佛教教職人員的特徵，自身具有佛（正覺）法（正念）僧（正命）三寶現前的品質，且如柏霖臨床佛教宗教師所說，以無我慈悲入世的菩提心，協助病人療癒疾病，使病人識病苦而後心性解脫。[④] 在這一進

①Monica Sanford, *Kalyāṇamitra*, p. 20.
②Daijaku Judith Kinst, op. cit., pp.9-14.
③Elaine L. Graham, Heather Walton, and Frances Ward, op. cit., p. 14 & pp. 188-9.
④Christ Berlin, op. cit., pp.81-91.

程中，病人是主角，作為「牧牛人」的臨床佛教宗教師是「善友」或「善知識」，其職能與關懷模式，如下圖所明：

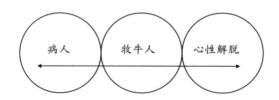

在東方佛教經典與禪宗佛教哲學思想體系裏，「牧牛人」的角色特徵，指向了「牧心」進程，而非鏈接人神關係的「牧靈」進程。[1]也即，作為「牧牛人」的臨床佛教宗教師的社會職業人角色，在於協助病人通過佛法，明瞭存在於生理與心理的生老病死苦，主要是由五根（眼、耳、鼻、舌、身）、五塵（色、聲、香、味、觸、）、五識（眼識、耳識、鼻識、舌識、身識）與五欲形成，並就此引導病人在疾病中生起內心的覺照智慧，藉病悟道，實現心性的解脫。

由此可見，臨床佛教宗教師作為社會職業人，其職業核心職能的心性關懷特質，主要體現在對三寶建立信心與自身對佛法的修證上。這從某種程度上，超越了培養當代北美臨床佛教宗教師成為社會職業人的世俗高校教育，直接從信仰與實修層面，賦予了臨床佛教宗教師作為社會職業人角色所需的內在心性能量。[2]歷史上的佛陀及其大弟子也有作為「牧牛人」擔當「臨床佛教宗教師」的探病案例。

1.2 作為「臨床佛教宗教師」的佛陀

歷史上佛陀作為「臨床佛教宗教師」的探病案例，記載在三藏法師求那跋陀羅（西元 394－468 年）所譯的《雜阿含經》卷 37 第 1030、1033、1034、1035、1036 與 1037 經中。據載佛陀曾經以晨朝托缽乞食的方式，至王舍城、那梨聚落、迦毗羅衛和波羅奈國，分別探望了：（1）「身極苦痛」的給孤獨、達磨提離、婆藪長者；（2）「疾病困篤」的耶輸長者；（3）「身嬰重病」的長壽童子；以及（4）「疾病痿篤」的釋氏沙羅。[3]

在探病案例中，佛陀作為「臨床佛教宗教師」的牧牛人角色，為不同需求

[1]Guan Zhen, op. cit., pp.52-55.
[2]Daijaku Judith Kinst, op. cit., pp.14-6.
[3]《雜阿含經》卷三十七，《大正藏》第 2 冊，第 269-270 頁中-下。

的病人提供了在地、及時、適當、有效的心性關懷，具體表現在慈心與悲心上，這兩項也是當代北美臨床佛教宗教師職業日常工作中提倡的職能法則。[1] 實踐上，慈心具備了正念傾聽，悲心具備了正見引導，二者合為正業，為八正道所攝。譬如，據《雜阿含經》卷 37 第 1030 經記載，舍衛國給孤獨長者病重，身極苦痛，佛陀以一身三寶現前的品質，慈心問候長者病況，傾聽其內心需求；悲心協助引導長者在病苦增長、不易忍受的情況下，專注心念於在家修行通向覺悟之道的「四不壞淨」法。也即，引導長者在病苦中觀察自心性與佛（正覺）、法（正念）、僧（正命）、戒（正業）四淨法的關係，如經云：

> 如是我聞：一時，佛住舍衛國祇樹給孤獨園。爾時，給孤獨長者得病，身極苦痛。世尊聞已，晨朝著衣持缽，入舍衛城乞食，次第乞食至給孤獨長者舍。長者遙見世尊，憑床欲起。世尊見已，即告之言：「長者勿起！增其苦患。」
>
> 世尊即坐，告長者言：「云何？長者，病可忍不？身所苦患，為增、為損？」長者白佛：「甚苦！世尊！難可堪忍……苦受但增不損。」佛告長者：「當如是學：『於佛不壞淨，於法、僧不壞淨，聖戒成就。』」長者白佛：「如世尊說四不壞淨，我有此法，此法中有我。世尊！我今於佛不壞淨，法、僧不壞淨，聖戒成就。」
>
> 佛告長者：「善哉！善哉！」即記長者得阿那含果。長者白佛：「唯願世尊今於此食。」爾時，世尊默而許之。長者即勅辦種種淨美飲食，供養世尊。世尊食已，為長者種種說法，示、教、照、喜已，從坐起而去。[2]

據此，佛陀在臨床上對病人提供的心性關懷，主要在於從內觀佛法與外持淨戒兩方面，協助病人在疾病中，信念佛法僧三寶，憶念一生受持在家五戒十善的功德，從而減緩疾病造成的痛苦。佛陀在探病的過程中，協助長者觀察了由生理疾病造成的內心煩惱不安，最後使得給孤獨長者藉病悟道，證得阿那含果，也即，三果阿羅漢向，這是佛教在家居士修行所能證得的最高果位。這裏，佛陀作為「臨床佛教宗教師」扮演了牧牛人的角色，以其內在自證心性能量與外在持戒清淨的「宗教師」情操品格，使病人對佛陀的一身三寶現前，具備信心與尊敬。這種宗教師的內在「心性能量」與外在「現前品質」無疑給長者的病痛帶來了安慰，並協助了長者在病苦中觀照身心二法與疾病療癒的關係，獲得了心性解脫的利益。

就此而言，舊金山市禪安寧護理中心（Zen Hospice Project in San Francisco）

---

[1] Mikel Ryuho Monett, op. cit., pp.106-7; Jennifer Block, op. cit., pp.3-7;【美】莫妮卡・桑弗與內森・吉辛・邁肯：〈佛教宗教師的職業核心職能與當代世界區域分佈〉，振冠譯，《佛學研究》，2021 年第 2 期，第 376-7 頁。

[2]《雜阿含經》卷三十七，《大正藏》第 2 冊，第 269 頁中。

原教育主任佈洛克（Jennifer Block）臨床佛教宗教師認為，歷史上佛陀以慈悲一身三寶具足現前的品質，見證病人苦難，使病人離苦得樂。在這一過程中，病人在佛陀現前的言傳身教之中獲得了心性解脫的「種子」，佛陀是當代北美臨床佛教宗教師的社會職業人角色原型，使得病人獲得心性解脫，則是為臨床病人提供心性關懷的核心價值所在。[1]

依據《雜阿含經》卷 37，1033、1035 與 1037 經記載，佛陀探訪婆藪長者與達磨提離長者的過程與探訪病重的給孤獨長者類似。病人的臨床症狀均以疼痛難忍為主，佛陀的臨床探訪，也都是先以慈心問候，而後諮詢病況，明確病人需求，然後以悲心教導四不壞淨法，令病人的心安住道中，得以於病苦中依法「示、教、照、喜」，最後以「六隨念」（念佛、念法、念僧、念戒、念施、念天）進行引導。「身極苦痛」的達磨提離長者與「疾病困篤」的耶輸長者，在回顧人生淨信三寶、佈施與持五戒十善的功德之後，內心生起對天道與佛道清淨解脫的嚮往，心安離苦，分別證得佛教二果與三果阿羅漢向。[2]

佛陀通過四不壞淨法與六隨念對病人提供臨床上的心性關懷，指出了善法（淨信佈施）與道德倫理（五戒十善），同病人的身心疾病療癒與心性解脫，存在重要的關聯。坎斯特教授與莫尼特臨床佛教宗教師認為，對善法的理解與戒律的行持，形成了臨床佛教宗教師與病人疾病療癒、心性解脫的直接關係，也為作為心性關懷供給者的臨床佛教宗教師的個人宗教師情操與職業人角色的養成，提供了重要的價值與意義。[3]

佛陀對「身嬰重病」的長壽童子的探訪，記載在《雜阿含經》卷 37 第1034 經中。從當代臨床佛教宗教師作為社會職業人，提供心性關懷的視角來看，這一案例涉及了病人與家屬急需諮詢照護的問題，主要有以下兩個方面的特徵：（1）病人的病情緊急，處於臨終狀態；（2）家屬在旁，病人心理不安，有牽掛。如下經文所載：

> 如是我聞：一時，佛住王舍城迦蘭陀竹園。時，有長壽童子，是樹提長者孫子，身嬰重病。爾時，世尊聞長壽童子身嬰重病，晨朝著衣持鉢，入王舍城乞食，次第到長壽童子舍。長壽童子遙見世尊，扶床欲起。乃至說三受，如叉摩修多羅廣說，乃至病苦但增無損。「是故，童子！當如是學：『於佛不壞淨，於法、僧不壞淨，聖戒成就。』當如是學。」
> 童子白佛言：「世尊！如世尊說四不壞淨，我今悉有，我常於佛不壞淨，於法、僧不壞淨，聖戒成就。」佛告童子：「汝當依四不壞淨，於上

[1] Jennifer Block, op. cit., pp.4-7.
[2] 《雜阿含經》卷三十七，《大正藏》第 2 冊，第 270 頁上-下。
[3] Daijaku Judith Kinst, op. cit., pp.11-6；Mikel Ryuho Monett, op. cit., pp.108-9.

修習六明分想。何等為六？謂一切行無常想、無常苦想、苦無我想、觀食想、一切世間不可樂想、死想。」

童子白佛言：「如世尊說，依四不壞淨，修習六明分想，我今悉有。然我作是念：『我命終後，不知我祖父樹提長者當云何？』」

爾時，樹提長者語長壽童子言：「汝於我所，故念且停。汝今且聽世尊說法，思惟憶念，可得長夜福利安樂饒益。」時，長壽童子言：「我於一切諸行當作無常想、無常苦想、苦無我想、觀食想、一切世間不可樂想、死想，常現在前。」

佛告童子：「汝今自記斯陀含果。」長壽童子白佛言：「世尊！唯願世尊住我舍食。」爾時世尊默然而許。長壽童子即辦種種淨美飲食，恭敬供養。世尊食已，復為童子種種說法，示、教、照、喜已，從坐起而去。[1]

上述經文中，家屬與病人之間有關疾病與悟道關係的對話，體現了佛陀作為臨床宗教師之「牧牛人」角色，對病人身心疾病療癒與家屬慰藉有重大的價值意義。佛陀的現前品質與心性關懷特質，增益了家屬與病人的交流意向，並對病人的內心安住，產生了正面的交集作用，如家屬說：「汝於我所，故念且停。汝今且聽世尊說法，思惟憶念，可得長夜福利安樂饒益。」經文中，樹提長者藉由對佛陀現前品質與心性關懷特質的信任，勸慰長壽童子放下牽掛，專注從聞（傾聽）、思（思惟）、修（饒益）三法入手，藉病悟道，解脫由疾病與臨終帶來的身心苦惱。

就此而言，普林斯頓大學神學院奧斯默（Richard Osmer）教授在 2008 年出版的《實踐神學介紹》（*Practical Theology: An Introduction*）一書，提出了實踐神學日常生活應用中的經驗敘述性（descriptive-empirical）、詮釋性（interpretive）、規範性（normative）與實用性（pragmatic）視野[2]，哈佛神學院多元宗教助理院長桑弗博士在 2021 年出版的《善友：一種佛教心性關懷模式》（*Kalyāṇamitra: A Model for Buddhist Spiritual Care*）一書採用了奧斯默教授的說法，引用南、北、藏傳佛教經典文獻，詳述了佛陀教導般若三智也就是「聞、思、修」慧，對於作為社會職業人角色的臨床佛教宗教師，以現前品質在日常生活中為病人提供有效心性關懷的意義。[3]

---

[1]《雜阿含經》卷三十七，《大正藏》第 2 冊，第 270 頁上-中。

[2] 21 世紀初，奧斯默教授通過神學反省性思惟（theological reflection）模式，重新思考了教會神職人員在日常生活中與世俗社會的關係，歸納出了實踐神學的經驗敘述性、詮釋性、規範性與實用性，通過以實踐神學研究實踐神學的範式，將實踐神學推向全面的實際社會應用，給予基督教神職人員就神學理論與日常工作關係，實際性與應用性詮釋，界定神學在世俗場域中的理性與經驗關係，並據此介入現實社會人物生活與事態處理，對具體的社會人生問題，提供在地、及時、適當、有效的對策與解決方案。參見 Reichard R. Osmer, *Practical Theology: An Introduction*, pp.5-10; Reichard R. Osmer, "Practical theology: A Current International Perspective," pp.1-3.

[3] Monica Sanford, *Kalyāṇamitra*, pp.81-117.

此外，在長壽童子的探病案例中，佛陀不僅如前先以慈心現前諮詢病況，明確病人需求，還依據了病人當時的實際情況，以悲心提供相應的心性關懷內容，引導病人修「六明分想」，訓練病人在疾病與死亡之間，內心具足正覺、正念、正定，實現心性解脫，離苦得樂，入聖果智慧。所謂「六明分想」，據龍樹菩薩（約西元 1-2 世紀）在《大智度論》卷 23〈初品中十想〉中的闡述，指的是：「無常想、苦想、無我想、食不淨想、一切世間不可樂想、死想、不淨想……初習善法，為不失故，但名『念』；能轉相、轉心故，名為『想』；決定知，無所疑故，名為『智』。」①

就臨床實踐而言，「六明分想」體現了佛教心性關懷由淺入深的「念」、「想」、「智」層次。具體到長壽童子的案例而言，佛陀為病重的長壽童子提供的心性關懷內容，注重了協助、引導童子對疾病中的身心二法，進行如理思維（念），而後於病苦中體悟諸法無常、苦、空、無我（想），最後契合實相，放下我執、法執，正確面對疾病與死亡帶來的內心恐懼、不安與牽掛等情緒，發起「藉病悟道」的心性解脫智慧（智）。

在長壽童子的案例當中，佛陀作為「牧牛人」角色，可謂知牛秉性，知時與非時，所謂：「芒繩初把鼻相穿，熟處難忘痛著鞭；分付牧童牢守護，莫教暫失手中牽。」② 因此能夠為病重的長壽童子提供適當、有效的心性關懷。此中，佛陀為病人與家屬提供的關懷，亦體現了莫尼特臨床佛教宗教師在〈宗教師之道：以佛教範式為根基〉論文中強調的觀點：臨床佛教宗教師作為社會職業人角色，為病人與家屬提供心性關懷時，自身必須具備以佛法為根基的佛教宗教師心性關懷「權威特性」。這種權威特性由對佛法理論的理解與練習而來，並據此形成對臨床病人提供心性關懷的有效性。③

關於這一點，桑弗博士在《善友：一種佛教心性關懷模式》一書中通過對 13 位佛教宗教師的深度訪談，亦指出：對佛法的深入理解與練習，不僅使佛教宗教師提供的心性關懷具備有效性，同時也規範了自身作為社會職業人的角色特徵。④長壽童子的探病案例，正是這種觀點的佛教理論基礎。在長壽童子的案例中，佛陀提供的心性關懷的「有效性」主要來自於經文中佛陀以「六明分想」法結合自身作為「臨床佛教宗教師」現前的「權威特性」，這種權威特性對病人疾病照護與家屬慰藉，產生了積極、正向的作用意義。

---

① 《大智度論》卷二十三，《大正藏》第 25 冊，第 229 頁上。
② 《牧牛圖頌》，《嘉興大藏經選錄》第 23 冊，第 358 頁下。
③ Mikel Ryuho Monett, op. cit., pp.109-110.
④ Monica Sanford, "The Practice of Dharma Reflection among Buddhist Chaplains: A Qualitative Study of 'Theological' Activities among Nontheocentric Spiritual Caregivers," Ph.D Dissertation, Claremont School of Theology, January 15, 2018, pp.102-117; Monica Sanford, *Kalyāṇamitra*, pp.68-71.

佛陀在臨床上，為長壽童子提供了「六明分想」，體現了《大智度論》卷22 所說：「佛如醫王，法如良藥，僧如瞻病人」的特徵。[①] 佛陀一身三寶具足，因病予藥，依據病人的病況與心性需求，在四不壞淨法的基礎上，提供符合病人需求的心性關懷內容。這一點也體現在臨床上為釋氏沙羅提供「五喜處」的心性關懷內容。依據《雜阿含經》卷 37 第 1036 經記載，當佛陀住在迦毗羅衛國尼拘律園的時候，聽聞了釋氏沙羅「疾病痿篤」，於是便在晨朝著衣持缽，入迦毗羅衛國乞食，次到釋氏沙羅舍探訪。[②]

經文記載釋氏沙羅「疾病痿篤」的「痿」症，可能是指由外感內傷，精血受損，而導致的全身軟弱無力；也可能是指肌肉萎縮，身體癱瘓的症狀。譬如，中醫《證治準繩•痿》開篇說：「痿者，手足痿軟而無力，百節緩縱而不收也。聖人以痿病在諸證為切要，故特著篇目，分五臟之熱，名病其所屬皮、脈、筋、肉、骨之痿。致足不任於地，及敘五臟得熱之邪，則以一臟因一邪所傷。」[③]「篤」形容了患者的病情嚴重程度。依據經文描述，佛陀探訪釋氏沙羅時，也如同探訪其他病人那樣，先以三寶現前品質，慈心諮詢病人病況，明確病人需求，然後以悲心引導病人在疾病中觀察、思維「四不壞淨」法。在此基礎上，佛陀特別依據釋氏沙羅的心性需求，提供了「五喜處」的關懷內容。如經文說：「是故，汝當依佛不壞淨，法、僧不壞淨，聖戒成就，於上修習五喜處。何等為五？謂念如來事，乃至自所施法。」[④]

所謂「五喜處」，是指以信淨歡喜心念佛、念法、念僧、念戒以及念施。這也是前面佛陀探訪生病的達磨提離長者時，為長者提供的「六隨念」中的五念。雖然「五喜處」沒有「念天」的內容，但是「念戒」與「念施」本身分別即是佛教在家居士所持的五戒十善及其佈施生天的因緣。佛陀對釋氏沙羅的臨床探訪，通過以信淨心念佛法僧三寶，引導病人在病苦中發展正覺、正念、正定，使病人在疾病困擾中，藉由淨信三寶的力量，內心歡喜，思維法意，從病苦中發展出心性解脫的智慧，也即前文所述「念、想、智」三法的成就。

綜上，據《雜阿含經》記載，佛陀作為「臨床佛教宗教師」的牧牛人，常以晨朝托缽乞食方式，到宗教場所之外的病人居家作臨床第一線探訪，為病人提供在地、及時、適當、有效的佛教心性關懷。從對象、時間、地點、病人病況、關懷內容及其結果六個方面，可以歸納為如下表格所明：

[①]《大智度論》卷二十二，《大正藏》第 25 冊，第 225 頁下。
[②]《雜阿含經》卷三十七，《大正藏》第 2 冊，第 270 頁中-下。
[③] 中醫世家《證治準繩•痿》，2022 年 1 月 14 日檢視，網址 http://www.zysj.com.cn/lilunshuji/zhengzhizhunshengzabing/571-12-5.html
[④]《雜阿含經》卷三十七，《大正藏》第 2 冊，第 270 頁中。

關懷對象	時間	地點	病況	心性關懷內容	結果
給孤獨長者	晨朝	王舍城	身極苦痛	四不壞淨	得阿那含果
達磨提離長者	晨朝	未明	身極苦痛	四不壞淨與六念法門	得阿那含果
婆藪長者	晨朝	波羅柰國	身遭苦患	四不壞淨	得阿那含果
耶輸長者	晨朝	那梨聚落	疾病困篤	四不壞淨	得阿那含果
長壽童子	晨朝	王舍城	身嬰重病	四不壞淨與六明分想	得斯陀含果
釋氏沙羅	晨朝	迦毗羅衛	疾病痿篤	四不壞淨與五喜處	得斯陀含果

由上可見，佛陀探訪的病人類型，其症狀主要包括疾病引起的疼痛與重症引起的「困篤」、「痿篤」。並且，長壽童子的案例還涉及到了佛教的臨終關懷。就目前北美臨床佛教宗教師在當地醫療機構探訪病人的工作經驗而言，「疼痛」仍然是病人普遍面臨的問題，也是病人、醫護人員和臨床佛教宗教師需要日常面對、處理的主要問題。依據《雜阿含經》卷 37 各段經文記載，佛陀在面對病人的身疾病疼時，以「四不壞淨」、「六念」、「六明分想」，以及「五喜處」四法，及時回應了病人由疾病疼痛引起的內心不安、恐懼等感受與情緒變化，體現了在地、及時、適當、有效的心性關懷職能特質。

《雜阿含經》卷 37 各段經文記載的佛陀探病案例，有如下兩大特徵：（1）以慈悲心現前，明確病人需求，有序協助病人在疾病中觀察、思維佛法僧三寶、持戒佈施以及念、想、智三法對身疾心病療癒的影響；（2）注重以聞、思、修模式，協助病人在病患中發展「戒清淨（戒）、心清淨（定）、見清淨（慧）、解脫清淨（解脫）」的四種心法清淨源流，①就此形成自身的「臨床佛教宗教師」或「牧牛人」角色，為病人提供恰當的心性關懷內容，協助病人藉病悟道，實現心性解脫。此中，慈悲心具足與三寶現前的品質是作為臨床佛教宗教師的根本，在此基礎上，無疑可以如經中記載的佛陀探病案例那樣，使臨床佛教宗教師在使病人離苦得樂的利他過程中，同時成就自利的因緣。

《增壹阿含經》卷 40 第 7 經說：「如我今日天上、人中獨步無侶，亦能瞻視一切病人。無救護者與作救護，盲者與作眼目，救諸疾人。」又說：「汝今無有善利於正法中。所以然者，皆由不往瞻視病故也。」② 由此可見，佛陀以慈悲心探病為正法覺悟因緣，身體力行，並且策勵弟子跟隨效仿。以我在美國當地醫療機構從事臨床佛教宗教師的工作經驗而言，《增壹阿含經》的經文記載，直擊了當代北美臨床佛教宗教師的底色與本質。也即，以慈悲心、三寶現前品質，在醫療機構為有需求者提供心性關懷，成就自覺覺他、覺行圓滿。

---

① 《雜阿含經》卷二十一，《大正藏》第 2 冊，第 148 頁下。
② 《增壹阿含經》卷四十，《大正藏》第 2 冊，第 766 頁下。

1.3 作為「臨床佛教宗教師」的佛陀大弟子

歷史上佛陀大弟子作為「臨床佛教宗教師」的牧牛人角色進行探病的案例，分別記載於《雜阿含經》卷 20 第 554 經、卷 37 第 1031、1032、1038 經，以及《中阿含經》卷 6 第 28《舍梨子相應品‧教化病經》，主要人物有佛陀十大弟子中的阿難、舍利弗、摩訶迦旃延以及阿那律，探訪的地點為舍衛城、訶梨聚落、八城和瞻婆國，探訪的病人為病危的給孤獨長者、病苦的訶梨聚落主、陀施長者，以及「疾病新差」的摩那提那長者。

依據《雜阿含經》卷 37 第 1031 經記載，在佛陀探訪生病的給孤獨長者之後，阿難也探訪了長者，並提供了心性關懷，其內容基本上與佛陀的探訪一致，但不同之處在於，阿難探訪病人時，從病人的心理感受與外在情緒反應，臆測病人心有恐怖，並對病人說：「勿恐怖！」而後，論證病人可以通過持四不壞淨法，實現智慧成就與解脫。病人接受了阿難的證明，但否定了自己因疾病心有恐怖，並說道：「我今何所恐怖？我始於王舍城寒林中丘塚間見世尊，即得於佛不壞淨，於法、僧不壞淨，聖戒成就。」① 阿難的探病記錄，從臨床實踐角度來看，有助於策勵作為社會職業人以及牧牛人的當代臨床佛教宗教師，在為患者提供心性關懷的過程中，謹記以病人為中心，對病人的情緒感受，做出正確的臨床評估，避免從病人的外相，臆測病人的內心感受，從而提供不適當的諮詢、關懷。

此外，《雜阿含經》卷 37 第 1032 經還記載了阿難與舍利弗結伴探訪給孤獨長者的案例。此案例相對於 1031 經的記載，內容豐富，更具生動的細節描述。具體如下引文所明：

> 如是我聞：一時，佛住舍衛國祇樹給孤獨園。爾時，尊者舍利弗聞給孤獨長者身遭苦患。聞已，語尊者阿難：「知不？給孤獨長者身遭苦患，當共往看。」尊者阿難默然而許。
>
> 時，尊者舍利弗與尊者阿難共詣給孤獨長者舍。長者遙見尊者舍利弗，扶床欲起……乃至說三種受，如叉摩修多羅廣說，「身諸苦患轉增無損。」
>
> 尊者舍利弗告長者言：「當如是學：『不著眼，不依眼界生貪欲識；不著耳、鼻、舌、身，意亦不著，不依意界生貪欲識；不著色，不依色界生貪欲識；不著聲、香、味、觸、法，不依法界生貪欲識。不著於地界，不依地界生貪欲識；不著於水、火、風、空、識界，不依識界生貪欲識。不著色陰，不依色陰生貪欲識；不著受、想、行、識陰，不依識陰生貪欲

① 《雜阿含經》卷三十七，《大正藏》第 2 冊，第 269 頁中。

識。』」

　　時，給孤獨長者悲嘆流淚。尊者阿難告長者言：「汝今怯劣耶？」長者白阿難：「不怯劣也。我自顧念，奉佛以來二十餘年，未聞尊者舍利弗說深妙法，如今所聞。」尊者舍利弗告長者言：「我亦久來未嘗為諸長者說如是法。」

　　長者白尊者舍利弗：「有居家白衣，有勝信、勝念、勝樂，不聞深法，而生退沒。善哉！尊者舍利弗！當為居家白衣說深妙法，以哀愍故！尊者舍利弗！今於此食。」

　　尊者舍利弗等默然受請，即設種種淨美飲食，恭敬供養。食已，復為長者種種說法，示、教、照、喜；示、教、照、喜已，即從坐起而去。①

　　1032 經文對於阿難與舍利弗的探病記錄，著重描述了舍利弗作為「臨床佛教宗教師」的角色。舍利弗依據給孤獨長者的病況，提供了適當、有效的心性關懷內容，病重的給孤獨長者在聽聞舍利弗提供的佛法諮詢後，心性上受到了巨大的震撼，以至「悲嘆流淚」。並且，這段經文也有阿難從病人的外在情緒反應，臆測病人內心感受的記載。在探病過程中，阿難問道：「汝今怯劣耶？」引發了病人對於奉佛 20 餘年的法意探索的回顧，以及對尊者舍利弗提供的佛教心性關懷內容的讚嘆，給孤獨長者說道：「不怯劣也。我自顧念，奉佛以來二十餘年，未聞尊者舍利弗說深妙法，如今所聞。」

　　依據經文記載的內容來看，舍利弗為病人提供的佛教心性關懷內容，主要是針對生理與心理所執的「六根」、「六塵」、「十二入法（眼見色、耳聞聲、鼻嗅香、舌嘗味、身貪觸、意受法）」以及「五大」（地、水、火、風、識）的分析，協助病人在病苦中觀察構成人身心二法的「五大」、「十二入」，從而生起心性解脫的智慧。

　　這具備了前文所述的「念」、「想」、「智」層次，深化了病苦中的給孤獨長者對「五大」、「十二入」的認識，使得給孤獨長者通過臨床佛法的聞、思、修模式，實現了內心安穩，於解脫道生起了勝信、勝念和勝樂。舍利弗作為「臨床佛教宗教師」的牧牛人，協助了病人在「牧心」的進程中，調柔外在病痛引起的身苦，進入內在心性解脫狀態，所謂：「驀地忘機自轉頭，悄然性氣已調柔；山中水草了知足，不用遲疑在外留。」② 就此而言，舍利弗作為牧牛人，為病人提供的關懷，蘊含了當代北美臨床佛教宗教師職業的三點特質：（1）正確評估病人情緒感受；（2）提供及時、適當、有效的心性關懷；（3）引導病人「藉病悟道」，開發實現心性解脫的智慧。③

---

　　①《雜阿含經》卷三十七，《大正藏》第 2 冊，第 269-270 頁下-上。
　　②《牧牛圖頌》，《嘉興大藏經選錄》第 23 冊，第 359 頁下。
　　③Jennifer Block, op. cit., pp.3-7; Daijaku Judith Kinst, op. cit., pp.9-12.

此中，舍利弗作為「臨床佛教宗教師」的牧牛人，兼備對佛法的修證，其宗教師品德情操與睿智善巧，深得病人的信任。據《中阿含經》卷6第28《舍梨子相應品‧教化病經》記載，後期病危的給孤獨長者，曾經特地派遣僕人邀請舍利弗獨自前往家裏探訪。經文說：「尊者舍梨子！長者給孤獨疾病極困，今至危篤，長者給孤獨至心欲見尊者舍梨子，然體至羸乏，無力可來詣尊者舍梨子所。善哉！尊者舍梨子！為慈湣故，願往至長者給孤獨家。」①

舍利弗默然接受邀請，晨朝搭衣持缽入舍衛城探訪病危的給孤獨長者。當舍利弗見到給孤獨長者時，以慈心問候長者：「所患今復何似，飲食多少，疾苦轉損，不至增耶？」這種問疾方式，從外在飲食與疾病疼痛症狀等方面，了解了病人的內在情緒感受。長者回答：「所患至困，飲食不進，疾苦但增而不覺損。」②不僅對其病重的程度「至困」，「但增而不覺損」直言不諱，更直面了生理病危帶來的心理挑戰，由此，也可見長者對於舍利弗作為「臨床佛教宗教師」的牧牛人角色信任有加。

就我在北美擔任臨床佛教宗教師角色，為病人提供心性關懷的工作經驗而言，給孤獨長者的「飲食不進」與「疾苦但增」，同臨床生命晚期癌症病人常見的生理上疼痛增加、吞嚥困難有相似之處。譬如，胃癌晚期病人，由於癌症擴散，生理疼痛加劇的同時，食道功能亦會受到影響而無法吞嚥。此外，依據經文記載，病人充分信任舍利弗作為「臨床佛教宗教師」與「牧牛人」的角色，使得舍利弗有機會深度傾聽、觀察到長者由於生理疾病引起的疼痛與飲食不進症狀，及由此導致的心理不安與恐懼情緒。據此，舍利弗以三寶現前的品質，為長者提供的心性關懷，每以慈悲安慰：「長者莫怖！長者莫怖！」③經文記載說明了舍利弗明白自身的角色是「宗教師」，而非醫師。諮詢病人飲食多少、疾苦增損的目的，不是為了協助病人療癒生理疾病，而在於從心理上協助病人通過對佛法的聞思修，藉病悟道、實現心性解脫。

歸納《舍梨子相應品‧教化病經》的內容來看，舍利弗以牧牛人的角色為病人提供的心性關懷，主要為十慰喻法，也即：上信、善戒、多聞、惠施、善慧、正見、正志（正命）、正解（正思維）、正脫、正智。④十慰喻法具備了三十七道品的五根、五力（信、進、念、定、慧）和八正道內容，還備了佈施與持戒，是在家與出家修證佛法、解脫心性的根本。舍利弗依據十慰喻法從心性上對長者進行疾病療癒，起到了有效的作用。如經文說：「甚奇！甚特！尊

①《中阿含經》卷六，《大正藏》第1冊，第458頁下。
②見同上第459頁上。
③同上。
④《中阿含經》卷六，《大正藏》第1冊，第459頁上-下。

者舍梨子！我聞教化病法，苦痛即滅，生極快樂。尊者舍梨子！我今病差，平復如故。」①此段經文的記錄，不一定志在說明病危的給孤獨長者，聽了舍利弗的臨床佛法開示之後，生理疾病就好了，而在於體現臨床佛教心性關懷對病人的生理疾病療癒與生命品質的提升，有著重要的價值與意義。

摩訶迦旃延與阿那律的病人探訪案例，見載於《雜阿含經》卷 20 第 554 經與卷 37 第 1038 經。依據《雜阿含經》卷 20 第 554 經記載，摩訶迦旃延探訪的病人沒有具體的署名，讀者僅能從「釋氏訶梨聚落主」的記錄，了解到病人為佛陀時代釋迦族訶梨聚落的負責人。當時，該聚落主的病情嚴重，如說：「我病難忍，身諸苦痛轉增無損。」摩訶迦旃延尊者除為病人提供了前文所述的「四不壞淨」心性關懷內容外，還為病人詳細分析了佛法「六念處」的內容及其意義；歸納了淨信佛法僧三寶，篤行佈施持戒善法以及生天的功德，使疾病痛苦中的病人心性得到升華，最後在病痛中藉病悟道，證得阿那含果。②

佛陀大弟子阿那律的探病案例，見載於《雜阿含經》卷 37 第 1038 經。經文開篇陳述了居住在瞻婆國③的摩那提那長者大病初癒，派遣一青年男僕至竭伽池④側禮請尊者阿那律到家中接受飲食供養，並由此引出了阿那律以開放式提問的模式，詢問長者疾病療癒過程，及以何種方式達到療癒效果的探病案例。阿那律尊者首先問道：「堪忍安樂住不？……汝住何住，能令疾病苦患時得除差？」⑤而後，從長者的回覆中得知他在「先遭疾病，當時委篤」的病重期間，以繫心觀察、思維「四念處」的緣故，得以脫離生理疾病的困擾，身心安穩，隨後病情逐漸得到療癒。在該案例中，依據長者的自我陳述，可見佛法「四念處」在其內心面對生理疾病時，起到了重要的療癒作用。長者在病重期間，從身、受、心、法四種角度，如實觀察、如理思維生理疾病與佛教心性解脫之間的關係⑥，也即，在病痛中「觀身如身，觀受如受，觀心如心，觀法如法」，從而了知構成人、我身心二法的實相。

---

①見同上第 459 頁下。

②《雜阿含經》卷二十，《大正藏》第 2 冊，第 145 頁上-下。

③瞻波國又名鴦伽（或者鴦伽分羅國），此國以城「瞻波」（Campā）為名。依據玄奘法師《大唐西域記》卷十記載，此國建都城近恆河南岸，北背恆河，寬 40 餘里，東有恆河環繞與崇崖峻嶺為屏障，南有茂密山林；土地潮濕肥沃，盛產稼穡；城池高大堅固，民風淳樸，主要信仰小乘佛教與天神祭祠。參見《大正藏》第 51 冊，第 926-927 頁下-上。

④竭伽池（梵文與巴利文 Gaggarā），在瞻波國境內，佛陀與弟子在此國內行道時，居住於此池岸邊。依據南傳巴利藏《十上經》（*DN 34 Dasuttara Sutta: Expanding Decades*）的記載，竭伽池以種植蓮華而著名。因此，巴利藏《十上經》亦將竭伽池英譯為「竭伽蓮華池」（the Gaggarā lotus-pond）。詳細參見 Pali Canon Online, *DN 34 Dasuttara Sutta: Expanding Decades,* accessed on January 14, 2022, available at http://www.palicanon.org/149-dn-16-mahparinibbna-sutta-the-great-passing-the-

⑤《雜阿含經》卷三十七，《大正藏》第 2 冊，第 271 頁上。

⑥《雜阿含經》卷三十七，《大正藏》第 2 冊，第 270-271 頁下-上。

依據經文記載，病癒後的摩那提那長者向尊者阿那律陳述了自己在病重時對佛法四念處的運用。其「觀身如身」與「觀受如受」，主要是指自己在患病期間能夠對身體的組成部分五臟、六腑、四肢、五官、毛髮、指甲、血液、內外分泌物、神經等進行不淨觀，及對病重時引起的身體冷、熱、痛、癢、痠、麻等感受，進行如實地觀察、思維。「觀心如心」與「觀法如法」，主要是指長者在病重期間，能夠如實觀察由病痛引起的各種內心不安情緒（譬如憤怒、擔憂、恐懼、悲傷、抑鬱等），如實接納內心情緒與感受的生、住、滅過程，從而不受病苦引起的不良心理因素影響，進入對「諸法實相」的認知。也即，對「受、想、行、識」心法進行如實的觀察、思維、了知，使心性見法悟道，從而身諸苦患時得休息。

從這一層面而言，長者在病重期間通過對四念處的觀察、思維，達到了對五蘊、四聖諦、八正道、十二因緣，以及苦、空、無常、無我的體證。因此，在整個探病過程中保持深度傾聽的阿那律尊者，最後告訴摩那提那長者：「汝今自記阿那含果。」[①] 以佐證的方式，證明長者藉病悟道。

綜上，佛陀大弟子作為「臨床佛教宗教師」的牧牛人角色，以三寶現前的品質，通過慈心問候，明確病人需求，再以悲心引導，為病人提供恰當的佛教心性關懷內容。具體如下表所明：

佛陀大弟子	關懷對象	時間	地點	病況	心性關懷內容	結果
阿難	給孤獨長者	晨朝	舍衛城	身遭苦患	四不壞淨	得須陀洹果
阿難與舍利弗	給孤獨長者	晨朝	舍衛城	身遭苦患	五大與十二入	未記得果
舍利弗	給孤獨長者	晨朝	舍衛城	所患至困	十慰喻法	得須陀洹果至阿那含果
摩訶迦旃延	訶梨聚落主	晨朝	訶梨聚落	身遭病苦	四不壞淨與六念處	得阿那含果
摩訶迦旃延	陀施長者	晨朝	八城	身遭病苦	四不壞淨與六念處	得阿那含果
阿那律	摩那提那長者	日中	瞻婆國	疾病新差	繫心住四念處	得阿那含果

從上列表可見，佛陀大弟子探訪病人的案例，與佛陀探訪病人案例相同，均以身遭疼痛與身患重症者為主，其中給孤獨長者的後期病況較為嚴重，到了「飲食不進，疾苦但增」的病危狀態。在經典記錄的探病案例中，探訪給孤獨長者的次數最為頻繁，人數也最多，有佛陀、阿難和舍利弗。摩那提那長者為

大病初癒的探訪案例，有關佛教心性關懷內容的記錄，由病癒的長者自述而來，探病的阿那律尊者，僅作為三寶現前、慈悲心具足的深度傾聽者，對病人的「藉病悟道」過程，給予了證明。

歸納《雜阿含經》卷 20、卷 37 和《中阿含經》卷 6 經文有關阿難、舍利弗、摩訶迦旃延、阿那律探訪病人的案例來看，佛陀大弟子們提供的佛教心性關懷內容，具體有「四不壞淨」、「五大」、「十二入」、「六念處」、「十慰喻法」以及「四念處」。相較於佛陀探訪病人時提供的「四不壞淨」、「六念處」、「六明分想」以及「五喜處」等心性關懷內容，佛陀大弟子們在探訪病人時，在心性關懷內容方面有更為深入的分享。這些案例，對於北美臨床佛教宗教師社會職業人角色的形成，如何在日常生活工作中為病人提供適當、有效的佛教心性關懷內容，以及如何協助病人疾病療癒、解脫心性，無疑具有很好的參考價值。

綜上，北美臨床佛教宗教師以佛學理論為依據的「牧牛人」角色，與基督教臨床宗教師依據神學理論的「牧羊人」角色，在角色定位、核心職能及關懷模式上，有顯著的區別。基督教臨床宗教師作為「牧羊人」、「牧靈人」角色，其核心職能為「牧靈關懷」，關懷模式主要通過鏈接上帝聖靈現前，協助臨床病人完成疾病療癒、靈性增長和靈魂救贖進程。臨床佛教宗教師作為「牧牛人」、「善知識」（如佛陀）或「善友」（如大弟子）角色，職業核心職能為「心性關懷」，關懷模式以佛法僧三寶現前的品質，通過慈心問候，諮詢病況，明確病人需求；再以悲心開示，引導病人觀察、思維身心二法與疾病療癒的關係，藉此協助病人藉病悟道、心性解脫。

這一心性關懷職能與模式，有著源遠流長的歷史背景與深厚的佛學理論依據，具體體現在佛陀及其大弟子作為「臨床佛教宗教師」的牧牛人角色上。佛陀及其大弟子作為「臨床佛教宗教師」，走出山林佛教道場，進入世俗社會探訪居家病人，以三寶現前的品質，慈心傾聽、慰喻，悲心協助、引導。為病人提供了在地及時、適當有效的「臨床」一線心性關懷服務內容。該服務內容體現出一固定、有效的入世與出世、此岸與彼岸「兩界相連」臨床心性關懷模式，具體如下圖所明：

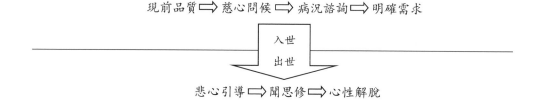

依據上圖所列「兩界相連」臨床心性關懷模式，若依佛法「一切眾生皆有如來智慧德相」的教導原則，則當代北美臨床佛教宗教師作為社會職業人之「牧牛人」角色，可依據赫希臨床佛教宗教師所說的禪者視野下「自他不二」、「同體大悲」的關懷模式，[1] 以病人為中心， 提供適當、有效的臨床心性關懷，協助病人身心離苦得樂，成就自他不二解脫法門。如下圖所明：

圖示以病人為中心的臨床心性關懷模式，如同大圓鏡智，自他不二，入世與出世、此岸与彼岸關懷一體圓成，指明：臨床佛教宗教師作為社會職業人角色之「牧牛人」，其關懷原則扎根於對三寶現前品質的信心建立，通過深入佛法研習修證，不斷豐富自身，以此作為佛教「宗教師」的情操品德與心性關懷核心職能。在此基礎上，對病人的生理疾病與心性解脫，產生積極、正面的影響效應，並由此完成自覺覺他、覺行圓滿之道。

目前北美臨床醫療系統病人照護倫理，其目的在於協助病人解除生理病痛，根本宗旨為「有益無害」。[2] 臨床佛教宗教師作為社會職業人之牧牛人角色，到社會醫療機構，為有需求的病人提供心性關懷服務，就佛法源流而言，無疑可以借鑒歷史上佛陀及其大弟子為病人提供的「臨床」心性關懷模式，以適當的範式，協助病人減緩生理病痛與心理煩惱；促進臨床身、心、社、靈全人照護文化發展；增益醫學倫理「有益無害」宗旨，保障病人人格尊嚴、生命品質和心性解脫。[3]

---

[1] Judi Jinpu Hirsch, op. cit., pp.56-63.

[2] "The history of medicine by Hippocratic maxim: Be of benefit and do no harm ...... It is clear that relief of pain is one of the major goals of medicine. It responds to the expressed preference of the patient." Albert R. Jensen, Mark Siegler, & William J. Winslade, *Clinical Ethics*, New York: Macmillan Publishing, 1982, p.11 & p. 129.

[3] Christina M. Puchalski, "The role of spirituality in health care," *BUMC Proceeding, 14(4)*, 2001, pp.352-7.

第 2 章 臨床佛教宗教師職業資質的獲得

在北美，臨床佛教宗教師職業資質的獲得，主要依據是臨床牧靈教育。高中畢業或完成佛學本科教育的佛教徒，在當地合法登記註冊的佛教組織接受訓練（佈道藝術、禪修和佛教儀式儀軌），受在家佈道師戒，獲得教職人員資格，如此便具備了申請進入當地臨床牧靈教育機構認證的醫院或安寧療護中心，完成佛教「臨床心性關懷」教育，獲得臨床佛教宗教師的職業資質。在臨床牧靈教育機構認證的具有牧靈教育資格的醫院或安寧療護中心，完成 1-4 單元（400-1,600 小時）的佛教「臨床心性關懷」教育後，即可成為臨床佛教宗教師。

2.1 為佛教徒提供「臨床心性關懷」教育的牧靈教育機構

目前，為北美佛教徒提供「臨床心性關懷」資質的牧靈教育機構，有以下五所：（1）臨床牧靈教育協會（ACPE）；（2）牧靈督導與精神分析療法學院（The College of Pastoral Supervision and Psychotherapy，簡稱 CPSP）；（3）加拿大靈性關懷協會（Canadian Association for Spiritual Care，簡稱 CASC）（4）臨床牧靈教育學院 （Institute of Clinical Pastoral Training，簡稱 ICPT）；（5）國際臨床牧靈教育（Clinical Pastoral Education International，簡稱 CPEI）。

ACPE 為北美最早成立的牧靈教育機構，20 世紀初中期作為基督新教神學結合社會科學（臨床心理學、精神分析學和人類行為學）的臨床牧靈教育機構，在美國基督新教醫院協會（American Protestant Hospital Association）的協助下，形成自身的臨床牧靈教育體系。最初主要為教會神職人員與平信徒提供醫院的牧靈教育，進入 21 世紀初 ACPE 成為提供跨宗教與多元宗教的牧靈教育機構，[①]向當地佛教徒開放基於基督新教臨床牧靈教育模式的臨床佛教宗教師「心性關懷」教育。

CPSP 在 1990 年由 15 位從 ACPE 與美國牧靈諮詢師協會（American Association of Pastoral Counselors）脫離出來的會員創立，此機構注重了學員臨床牧靈與精神分析療法混合，申請到該機構接受教育的學員，需具備佛學理論

[①]Corey F. O'Brien, "Ethic Training for Professional Chaplains in the United States," in Walter Moczynski, Hille Haker and Katrin Bentele, ed., *Medical Ethics in Health Care Chaplaincy: Essays*, Germany: Lit Verlag, 2009, p.14.; Wendy Cadge, "Healthcare Chaplaincy as a Companion Profession: Historical Development," *Journal of Health Care Chaplaincy,* 2018, p.3.

知識，按要求完成臨床心性關懷教育 1-4 單元，以及擁有精神分析學的教育背景。[1] 依據桑弗博士等人在「北美佛教宗教師地域分佈」第 1 期研究顯示，目前有 3 位佛教徒在該機構接受臨床心性關懷結合精神分析療法教育。[2]

CASC 為加拿大當地多元宗教與靈修團體聯合發展出來的牧靈教育機構，在加拿大的佛教徒，可以申請到該機構認證的具有牧靈教育資格的醫院或安寧療護中心，接受臨床佛教心性關懷教育，或申請至以上所列 4 所其他機構如 ACPE 認證的醫院或安寧療護中心，接受相關的臨床心性關懷教育。[3]

ICPT 與 CPEI，雖然開放給不同宗教信仰的人士申請其臨床牧靈教育，但是由於該二機構具有強烈的基督新教福音派背景，[4] 到目前為止，尚無北美佛教徒申請到 ICPT 或 CPEI 認證的醫院或安寧療護中心，接受臨床心性關懷教育的記錄。

截至目前，ACPE 為美國與加拿大佛教徒申請接受臨床「心性關懷」教育的首選機構。該機構於 1920 年代初由波士頓基督新教長老會波森牧師（Rev. Anton Theophilus Boisen, 1876-1965）與有北美臨床社工之父美譽的卡博特醫生（Dr. Richard Cabot, 1868-1939）一同發起。1930 年 1 月 21 日，以基督新教神學為背景的臨床牧靈教育經由波士頓獨神論派教會（the Unitarian Church of Boston）逐步形成臨床牧靈應用理論與實踐模式。

波森牧師　　　　　　卡博特醫生*

1967 年 10 月，在波士頓獨神論派教會的進一步推動下，ACPE 正式成立，

[1] CPSP, "History and Purpose," accessed on January 14, 2022, available at https://www.cpsp.org/Web/About/History_and_Purpose/Web/About/History_and_Purpose.aspx?hkey=bdc83492-cb29-4eb4-95bf-ee7371d98251

[2] Monica Sanford, Elaine Yuen, Hakusho Johan Ostlund, Alex Baskin, and Cheryl Giles, "Mapping Buddhist Chaplains in North America," January 10, 2022, unpublished doc., p.7.

[3] CSCA, "Home," accessed on January 14, 2022, available at https://spiritualcare.ca/

[4] ICPT, "About," accessed on January 14, 2022, available at https://www.icpt.edu/about.html; CPEI, "Home," available at https://cpe-international.org/

*圖片來源 Association for Clinical Pastoral Education, Inc., "ACPE: A Brief History."

隨後制定了臨床牧靈教育三項認證標準：（1）臨床牧靈教育內容的認證標準；（2）各地醫院或安寧療護中心宗教師部門申請設立臨床牧靈教育項目的認證標準；（3）臨床牧靈教育培訓師職位授予的認證標準。1969 年該協會制定的三項認證標準獲得美國聯邦政府教育部認可，因而成為北美最早擁有臨床牧靈教育資格與招收生源的機構。[①]

21 世紀初，隨著北美社會文化、宗教信仰、人種族群的多元化趨勢，該協會審時度勢，與時俱進，轉向提供跨宗教與多元宗教信仰臨床牧靈教育，[②] 開放給不同於基督徒的佛教徒申請接受基於基督新教神學臨床牧靈教育模式的「臨床佛教心性關懷」教育。在尊重跨宗教與多元文化的教育宗旨下，ACPE 鼓勵佛教徒學員把該協會基於基督新教神學發展起來的牧靈教育模式，依據各自的佛教傳統加入恰當的佛學理論元素，完成不同於基督新教的佛教臨床心性關懷教育。

這一教育模式的開放，大大提升了該臨床牧靈協會的學員數量以及社會影響力。佈蘭迪斯大學宗教社會學系主任柯霽教授等人 2020 年發表的〈宗教師與靈性關懷供給者培訓：神學教育中宗教師職業項目的出現與成長〉（"Training Chaplains and Spiritual Caregivers: The Emergence and Growth of Chaplaincy Programs in Theological Education"）一文中指出，從 1967 年 ACPE 正式成立臨床牧靈教育項目至 2005 年的 38 年間，在 ACPE 完成 1-4 單元（400-1,600 小時）臨床牧靈教育的總人數為 7,000 人。2005 至 2015 年的 10 年間，在 ACPE 完成 1-4 單元臨床牧靈教育的總人數為 2,000 多人，其中就包括了來自猶太教、佛教、穆斯林、印度教以及其他新興宗教的教職人員與平信徒。[③]

2.2 ACPE 基督新教臨床牧靈模式下的佛教心性關懷教育

截至目前，佛教徒在 ACPE 接受的「臨床心性關懷」教育，主要是基於基督新教臨床牧靈模式而來。也即，在既有基督新教臨床牧靈教育的模式下，發展佛教的臨床心性關懷教育。譬如，ACPE 基於基督新教神學設立的臨床牧靈教育第 1 階段（Level I）「目標與成果」第 1 條（L1.1）即：「闡明個人宗教/

[①]Association for Clinical Pastoral Education, Inc., "ACPE: A Brief History," accessed on January 14, 2022, available at https://acpe.edu/docs/default-source/acpe-history/acpe-brief-history.pdf?sfvrsn=a9e02b71_2

[②]ACPE, "Prospective Students: Frequently Asked Questions," accessed on January 14, 2022, available at https://acpe.edu/education/cpe-students

[③]Wendy Cadge, Irene E. Stroud, Patricia K. Palmer, George Fitchett, Trace Haythorn & Casey Clevenger, "Training Chaplains and Spiritual Caregivers: The Emergence and Growth of Chaplaincy Programs in Theological Education," *Pastoral Psychology, 2020, 69*, pp.188-9.

靈性傳承中心主題、核心價值，以及影響個人傳道的神學理論依據。」① 作為在該協會接受臨床「心性關懷」教育的佛教徒，可以依據個人所屬佛教傳統，將其中具有基督新教神學背景的「宗教靈性傳承」與「神學理論依據」轉換成「佛教傳承」與「佛學理論依據」。

ACPE 提供的佛教臨床心性關懷教育，是一種集佛學、社會科學和臨床應用理論混合的職業教育。政策上，有教無類，高中畢業或當地寺院義工有志願此職業者，皆可申請。② 這種教育類似於世俗企業公司培訓員工上崗就業設置的短期 3 個月與長期 1 年的實用性職業培訓課程。這一教育過程分為臨床 1 單元 400 小時（3 個月 10 周）教育，或 4 單元 1,600 小時（1 年 40 周）駐院 1 年全職帶薪教育項目。③ 佛教臨床心性關懷 1 單元至 4 單元的教育重點，以醫院實踐為主，以臨床應用理論為輔。

以駐院 1 年 4 單元 1,600 小時的教育項目為例，其中 1,200 小時為臨床病人探訪，以及參與提升單位的宗教文化與員工的精神文明品質，另外 400 小時為輔助性的相關臨床心性關懷應用理論學習。應用理論學習部分包括有效傾聽、個案分析、心得體會交流、反省性思維以及關懷案例歸納總結，內容有：（1）每周臨床應用理論文獻閱讀、案例分析、課程討論、線上講座心得體會交流分享（共 200 小時）；（2）每周以 1-2 頁書面報告形式，對臨床病人探訪案例進行基於佛學理論與臨床應用理論的反省性思惟（共 100 小時）；（3）每周 1 小時與督導面對面諮詢（共 40 小時）；（4）每周固定 1-1.5 小時的增進學員之間社會人際關係群組交流時間（Interpersonal Peer Relationship Group，簡稱 IPR，共 60 小時）。④

---

① "L1.1. articulate the central themes and core values of one's religious/spiritual heritage and the theological understanding that informs one's ministry." ACPE Manuals, "Objects and Outcomes for Level I/Level II CPE," accessed on January 14, 2022, available at https://www.manula.com/manuals/acpe/acpe-manuals/2016/en/topic/objectives-and-outcomes-for-level-i-level-ii-cpe

② ACPE, "Frequently Asked Questions—Who is eligible to enroll in CPE?" accessed on January 14, 2022, available at https://acpe.edu/education/cpe-students/faqs

③ ACPE, "Frequently Asked Questions—What are the different types of CPE?" accessed on January 14, 2022, available at https://acpe.edu/education/cpe-students/faqs

④ 依據個人的切身體會，在理論學習部分，每周固定開展的群組交流主要由當代心理學、精神分析學和人類行為學混合而成的「群體療癒」模式而來，據此定位學員臨床應用理論與實踐的一致性，提升學員的工作效率，促進團隊協作，完成共同目標，也即為有需求病人提供在地、及時、適當、有效的心性關懷服務。在交流分享過程中，督導會有意向性地引導學員交流分享個人曾經經歷過的童年創傷或成年心理陰影，鏈接此類事件與臨床實踐中遇到的問題與挑戰的情緒反應關係——如憤怒、不安、恐懼及焦慮等。對此，督導會進一步鼓勵學員開放內心，毫無保留地向其他成員坦誠披露造成自身童年創傷與成年心理陰影的原因，並分享「坦誠披露」時的內心感受——如後悔與羞愧等。此一分享模式，與以色列特拉維夫大學研究商業策略管理與社會人際關係的卡梅利（Abraham Carmeli）教授，以及美國明尼蘇達大學社會心理學系員爾沙伊德（Ellen S. Berscheid）教授等從心理學、精神分析學和人類行為學模式出發，探索個體在群體中渴望建立親密人際關係的目的與願景，向群體坦誠披露個人童年創傷與成年心理陰影經歷，開放個體自我，以尋求融入群體環境，同群體建立相對牢固的人際關係，定位一致目標，從而提

北美佛教徒，依據 ACPE 完成的佛教「心性關懷」教育，在當地醫院或安寧療護中心進行。其中的臨床理論與實踐範疇，涉及了門診部（集醫療、預防、檢測、康復為一體的綜合性醫療部門）、急診室（個案病情緊急，易迅速惡化、危及性命等症狀）、重疾監護病房（收治各類危險重大疾病或彌留病人，此中多涉及臨終關懷）、癌症科、精神疾病科、緩和療護（palliative care）等不同科室，呈現出臨床心性關懷職業特性，以及實踐規範所需的作業環境。這在較大程度上有別於目前已知亞洲地區臨床佛教宗教師的臨床心性關懷教育與實踐範疇。譬如，臺灣依據本土社會宗教文化背景，將臨床心性關懷定義為安寧療護系統中的緩和療護與臨終關懷。[①] ACPE 設置的佛教臨床心性關懷教育與實踐範疇，致力於在臨床醫療多元宗教信仰、文化傳統和人種族群環境中，提升病人身、心、社、靈的全人照護文化，以符合醫療系統作業標準，提供職業化的臨床心性關懷品質，有效協助病人疾病療癒與藉病悟道。[②]

所謂「符合醫療系統作業標準」，是指在醫院或安寧療護中心接受臨床心性關懷教育的佛教徒，必須如同醫院或安寧療護中心其他職業人士一樣，嚴格遵守醫院或安寧療護中心的規章制度和作業流程。在符合「作業標準」的前提下，為有需求病人提供的心性關懷宗旨，須體現出如下三個方面的特徵：（1）遵循職業倫理準則，保障病人人格尊嚴；（2）提供符合病人宗教信仰與社會文化的心性關懷內容；（3）以臨床實證為依據，發展佛教心性關懷職能。

原則上，佛教臨床心性關懷的教育進程，以學員探訪病人的案例為主，結合佛學理論進行適當的反省性思惟。從經驗入手，依據臨床醫院實踐「現前悟道」與「當下面對」的精神，發展慈悲現前品質，有效回應不同病人的心性關懷需求。就我 2020 至 2021 年在北加州 D 市 F 大學醫院，從事駐院 1 年 4 單元 1,600 小時的臨床心性關懷教育項目而言，即以中國漢傳佛教菩薩道四無量心——慈悲喜捨，[③] 以及中國禪宗未參禪時，見山是山，見水是水；參禪有個入處，見山不是山，見水不是水；開悟後依然見山只是山，見水只是水[④]的禪

升整體的工作效率，有著異曲同工之妙。參見 Abraham Carmeli, Daphna Brueller, and Jane E. Dutton, "Learning Behaviours in the Workplace: The Role of High-quality Interpersonal Relationships and Psychological Safety," *Systems Research and Behavioral Science*, *26(1)*, 2009, pp.81-98; Ellen S. Berscheid and Pamela C. Regan, *Psychology of Interpersonal Relationships*, NY: Routledge, 2016, pp.131-321.

[①]釋普安、洪壽宏、黃建勳、彭仁奎、游碧真、陈慶餘：〈居家善終靈性照顧〉，《安寧療護雜誌》，臺灣 2011 年 3 月第 1 期 16 卷，第 84 頁。

[②]Jennifer Block, op. cit., pp.3-7.

[③]Guoying Stacy Zhang, "Serving Humanity in Transition: Chinese Buddhism and Spiritual Care in the United States," *Buddhistdoor Global*, September 8, 2021, accessed on February 12, 2022, available at https://www.buddhistdoor.net/features/serving-humanity-in-transition-chinese-buddhism-and-spiritual-care-in-the-united-states/

[④]語出青原惟信禪師（公元 671-740 年）《指月錄》卷二十八，見《卍續藏經》第 83 冊，第 699 頁上。

者三重境界，從客觀理解，進入直觀視野，達至純粹體驗，成為我的臨床心性關懷宗旨。這一宗旨，依據佛教理論與祖師之道，結合臨床病人探訪案例，發展出具有個人獨特佛教價值理念的心性關懷模式。

2.3 ACPE 提供的臨床心性關懷教育內容分析

ACPE 提供的「臨床心性關懷」教育內容，源於基督新教的牧靈教育體系，可以分為 3 個部分，分別是：牧靈養成（Pastoral Formation）、牧靈職能（Pastoral Competence）和牧靈反省性思惟（Pastoral Reflection），重點包括「牧靈關懷」（pastoral care）、「牧靈諮詢」（pastoral counseling）、「牧靈人角色」（pastoral role）、「傳道人」（ministers）、「牧靈侍奉」（pastoral ministry）、「宗教 / 靈性傳承」（religious/spiritual heritage）、「神學理解」（theological understanding）、「牧靈與先知傳道」（pastoral and prophetic perspectives in preaching）等。

在 ACPE 接受臨床心性關懷教育的佛教徒，依據牧靈教育模式，轉化成相應的佛教心性關懷內容，此包括「心性養成」、「心性職能」和「心性善思惟」等 3 個部分，以及「心性關懷」、「心性諮詢」、「心性關懷師角色」、「佈道師」、「心性服務」、「佛教傳承」、「佛學理解」、「心性與祖師道化」等內容。具體如下表格所明：[1]

心性養成 3 個重點
01. 培養學員對自身作為佈道師與佈道對他人影響的認知。
02. 培養學員認知個人態度、價值觀、自我判斷、長處及短處如何影響為他人提供心性關懷。
03. 培養學員參與群體支持、化解對峙、澄清問題的能力，據此整合心性關懷的屬性、職能。

心性職能 5 個重點
04. 培養學員認知社會人事狀況、社會系統和社會制度對個人與他人生活的影響，以及如何通過佈道的方式，有效協助解決問題的能力。
05. 培養學員為他人提供密集而廣泛的心性關懷諮詢能力。
06. 培養學員在個人與群體心性關懷上，有效使用佛學傳統理論、人類行為學以及臨床應用倫理學等知識的能力。
07. 教導學員如何在職業關係中形成心性關懷師角色，以及在多學科團隊協作中有效行使自身作為心性關懷師角色的職能。

---

[1] ACPE, "Objectives and Outcomes for Level I / Level II CPE," accessed on January 14, 2022, available at https://www.manula.com/manuals/acpe/acpe-manuals/2016/en/topic/objectives-and-outcomes-for-level-i-level-ii-cpe

08. 培養學員應用佛教心性與祖師道化，提供教學引導，行政管理與心性關懷諮詢能力。

心性善思惟2個重點
09. 培養學員理解與應用臨床學習方法的能力。
010. 培養學員利用個人與群體監督，促進個人職業成長的能力，此包括了對佈道進行自我評估的能力。

據上表格所列，ACPE 提供的臨床心性關懷教育 3 部分內容與 10 個重點，強調了如下三個方面的事實：（1）佛教徒學員必須依據佛教傳統，在臨床實踐中以理性實證、開放的態度，對可能遇到的具體問題，進行有效的處理；（2）結合人際關係學、人類行為學和臨床應用倫理學，工作中發展有效的人際關係與溝通能力；（3）依據佛學理論，在臨床醫療多學科職業協作關係中，完成自身作為社會職業人角色的特徵，為有需求的病人與醫護人員，提供在地及時、適當有效的心性關懷職能。[1]

ACPE 牧靈模式完成的佛教臨床心性關懷教育，意識到佛教宗教師作為社會職業人與自身作為佛教「佈道師」之間的內在關聯性，依據每個人的佛教傳統，結合社會科學、臨床理論和應用倫理學，在實踐中發展出第 1 階段（Level I）與第 2 階段（Level II）心性關懷教育模式，具體如下所明：[2]

第 1 階段臨床心性關懷教育
心性養成
L1.1. 闡明個人佛教傳承中心主題與核心價值理念，以及影響個人佈道的佛學理論依據。
L1.2. 識別、探討影響個人「心性職能」內容的主要生活事件、社會人際關係、社會位置、社會文化背景以及社會實際狀況。
L1.3. 自發邀請同事與督導對臨床佈道實踐進行評議，並接受同事與督導的批判。
心性職能
L1.4. 冒險向同事與督導提供適當、及時的個人批判。
L1.5. 識別群體環境中的社會人際關係動態。
L1.6. 展示能夠將課程中學到的理念結合到自身的臨床心性關懷實踐中。
L1.7. 發起在不同團體與同事內部之間建立互助關係。
L1.8. 使用臨床應用理論，以實現自身的心性關懷目標。

---

[1] ACPE, "Frequently Asked Questions— What kind of things might be included in the individual learning contract?" accessed on January 14, 2022, available at https://acpe.edu/education/cpe-students/faqs

[2] ACPE, "Objectives and Outcomes for Level I / Level II CPE," assessed on January 11, 2022, available at https://www.manula.com/manuals/acpe/acpe-manuals/2016/en/topic/objectives-and-outcomes-for-level-i-level-ii-cpe

心性善思惟

L1.9. 通過自我內省思惟、督導監督和同事反饋，明白自身的長處與短處，並從中制定明確的具體目標，以持續心性關懷職能的養成。

第 2 階段臨床心性關懷教育

心性養成

L2.1. 闡明對個人的文化價值理念以及與人格相一致的心性關懷師角色的基本理解。

心性職能

L2.2. 為多元群體提供適當心性關懷，將種族文化差異、社會背景因素、社會制度、社會正義以及臨床應用倫理等不同因素，納入參考範疇，而能不附加私人評判。

L2.3. 展示一系列心性關懷職能，此包括傾聽陪伴、同理善思、化解衝突、危機管理，以及適當使用佛教心性關懷資源，來解決此類問題。

L2.4. 以佛學為基礎，實踐中應用對人類行為學的理解，評估服務對象的需求，提供適當的心性關懷服務。

L2.5. 管理好佈道與行政問責、工作成效、自我指導、精準職業溝通等方面的職能關係。

L2.6. 在佈道與行政職能中，展現自身能力，此包括：情緒與感受支持的有效性；文化謙遜與自我的適當披露；正向使用自身作為宗教師的權威特性；不焦慮與不評判的現前品質；以及清晰的責任制與明確的界限設定。

心性善思惟

L2.7. 與同事以及其他職業權威人士，建立合作、友好的對話關係。

L2.8. 通過切合實際的心性關懷之自我評估模式，展示自我的督導能力。

L2.9. 第 2 階段心性關懷教育結束，學員需能夠展示出對《宗教師職業公認資格與職能》內容的認識。*

　　就以上表格內容分析，臨床心性關懷第 1-2 階段教育，主要體現了如下兩個方面的職能發展路徑：（1）基於學員自身佛教傳統與佛學理論，結合社會科學、臨床應用理論和臨床倫理學，在工作中對不同病人的需求，提供及時、適當、有效的心性關懷的能力；（2）以佛法善思惟模式——此相對於前文所提普

---

* 《宗教師職業公認資格與職能》（*Common Qualifications and Competencies for Professional Chaplains*，PDF 檔下載網址 https://cdn.manula.com/user/4287/docs/2017-common-qualifications-and-competencies-for-professional-chaplains.pdf）由美國臨床牧靈教育協會（ACPE）、宗教師職業協會（APC）、天主教全國宗教師協會（National Association of Catholic Chaplains）、猶太教宗教師協會（Association of Jewish Chaplains）以及加拿大靈性關懷協會（CASC）聯合制定，主要確立了臨床佛教宗教師的認證資格與職能發展要求。此僅局限在此 5 家機構接受臨床牧靈教育與資格認證的臨床佛教宗教師，並不涉及其他臨床宗教師牧靈教育與資格認證機構，如臨床牧靈關懷教育學院（ICPT）、靈性關懷協會（Spiritual Care Association）、基督新教宗教師資格認證協會（The Association of Certified Christian Chaplains）、全國【基督新教】宗教師資格認證協會（National Certified Chaplains Association）以及國際基督新教宗教師協會（International Association of Christian Chaplains）等機構。

林斯頓大學神學院奧斯默教授關於實踐神學反省性思惟「四性」範式中的「規範性」與「實用性」而言——發展臨床佛教宗教師作為社會職業人的角色，及其在多學科、多元宗教信仰和文化傳統背景下，從事心性關懷的職能特徵。

這兩方面發展路徑，從實際性與應用性面向設置了學員臨床心性關懷的教育程序，以及實踐規範模式，具體有如下六個「必須」：（1）學員必須尊重自身的佛教信仰、教理教義和文化價值取向；（2）學員必須以開放的態度，樂意向不同宗教信仰、教理教義、文化傳統學習；（3）學員必須具備包容與善巧方便，對不同的社會文化制度、人種族群和宗教信仰的病人，提供適當的心性關懷服務；（4）學員必須樂意向不同宗教信仰、價值理念、文化傳統的病人與職業人士學習，對於潛在的可能性對立或衝突，進行及時、有效的溝通、疏導；（5）學員必須尊重他人，不得以任何形式嘗試改變他人的宗教信仰、價值理念或文化傳統；（6）學員必須遵守職業教育所在單位既定的政策與各項規章制度要求，展示自我適應能力與佛教宗教師的「權威特性」的同時，具備自我督導、文化謙遜和公正責任心。

臨床心性關懷第 1 階段教育，是個不斷學習、自我反省、檢驗臨床應用理論與心性關懷基礎。佛教徒學員在完成駐院 1 年全職第 1 階段 4 單元 1,600 小時的心性關懷教育，便具備了臨床佛教宗教師的資質，可以申請在當地醫療機構受聘就業。不同於第 1 階段教育，第 2 階段教育強調了學員對第 1 階段學到的臨床應用理論，以實際應用的範式設定一專注關懷領域（如重疾療護、緩和療護或安寧療護的臨終關懷），建立依據佛學理論發展的臨床心性關懷模式，結合社會科學與臨床應用理論模型，作為自己未來專注某一臨床領域的發展方向，為特定的臨床病人群體，提供專注力與針對性強的心性關懷內容，尋求以最有效的介入方式，協助病人身、心、社、靈的全人照護。學員只有在完成第 1 階段教育內容通過面試之後，才被允許進入第 2 階段，據此奠定自身做為某一特定臨床心性關懷領域的供給者角色。

依據我的實地參與觀察，希望在駐院 1 年全職 40 周 4 單元 1,600 小時的臨床心性關懷教育中，完成第 1-2 階段教育的佛教徒學員，必須通過兩次面試。第 1 次面試在第 12 周上旬，第 2 次面試在第 24 周下旬。第 1 次面試，主要是諮詢、了解學員是否按要求完成臨床心性關懷第 1 階段的教育內容。第 1 次面試模式如一般社會入職工作面試，由醫院宗教師部門負責教育的主管與其他兩位臨床宗教培訓師主持，面試者要求學員對具體問題舉例說明，從中了解學員的個人臨床心性關懷職能發展、社會職業人的角色形成、病人心性及同事關係危機處理，據此確認該學員是否按要求完成了第 1 階段教育要求。第 2 次面試

是當督導認為學員已掌握了第 1 階段教育内容，可以進入第 2 階段教育時，會建議學員申請第 2 次面試。

不同於第 1 次面試，第 2 次面試主要關注了學員在接下來的 3 個月裏，如何專注一特定心性關懷領域。據此，學員在第 2 次面試前需準備一份與自己關注的臨床心性關懷領域相關内容申請書，介紹為何選擇該領域，以及自己將以何種方式建立有效的社會科學應用模型，為該領域病人提供恰當的心性關懷服務，並在規定時間内，評估、檢驗服務的有效性。

就我個人參與申請第 2 次面試的經驗而言，從第 1 階段臨床工作中收集到的基督徒病人對本人以佛教出家法師與臨床佛教宗教師身份，提供「跨宗教心性關懷」存在的疑問——如「佛教徒相信上帝嗎？佛教徒相信靈魂嗎？相信有個永恆的天堂和地獄嗎？」等神學疑問，以實地定性研究概率抽樣範式，在特定的臨床心性關懷時間段（2021 年 7 月 11 日至 8 月 4 日），隨機抽取 n=10 位基督徒病人，以男女比率對等 5:5，年齡分組：29-59 歲（n=6；60%）與 59-79 歲（n=4；40%），通過專注不同年齡段、多元化基督徒病人（天主教、新教、摩門教以及亞美尼亞使徒教），對我作為佛教宗教師提供「跨宗教心性關懷」產生的相同疑問，提供適當、有效的回應範式，在特定社會宗教文化背景下，建立我作為佛教法師與臨床佛教宗教師，為多元基督徒病人提供「跨宗教心性關懷」服務的社會科學應用模型。

歸納我 2020 年至 2021 年在北加州 D 市 F 大學醫院完成的第 1-2 階段臨床心性關懷教育與駐院 1 年的臨床心性關懷工作經驗而言，依據北美臨床牧靈教育協會設置的 1-2 階段臨床佛教宗教師心性關懷教育模式，目的在於從佛學理論、社會科學、臨床應用理論以及倫理面向，訓練學員作為社會職業人角色，宗旨在於依據《宗教師職業公認資格與職能》要求，發展佛教臨床心性關懷所需的 12 項職能，[1] 具體如下所明：

> 1. 發展基於臨床應用倫理的心性關懷職能，此包括了對臨床應用倫理相關研究文獻的運用、諮詢、反饋，展示熟悉掌握基礎臨床醫療系統作業流程。
> 2. 發展依據佛學理論完成可持續的臨床心性關懷職能，依據臨床實際狀況對佛學理論進行恰當的創新應用。
> 3. 發展自我心性關懷認知職能，在佛學與當代心理學、精神分析學和人類行為學結合中，完善臨床心性關懷模式。
> 4. 發展臨床心性關懷中自我理解與他人困境解決的職能。

---

[1] ACPE, APC, NACC, NAJC, & CASC, *Common Qualifications and Competencies for Professional Chaplains*, accessed on January 14, 2022, available at https://cdn.manula.com/user/4287/docs/2017-common-qualifications-and-competencies-for-professional-chaplains.pdf

5. 發展臨床心性關懷慈心傾聽、悲心引導，理性批判精神，建立科學有效的臨床心性關懷評估與實踐檢驗模型。
6. 發展建立佛教心性關懷處理人生危機的職能。
7. 發展具備參照不同宗教信仰、社會文化、文化傳統以及人生價值理念的心性關懷職能。
8. 發展具備對自身佛教傳統與佛學理論在臨床實踐中，進行理性批判、有效分析的職能。
9. 發展具備對人類個體與群體行為，以及行為體現出多樣性的理解的職能，並能實際應用理性科學範式，分析不同行為之間的關係，熟悉對不同行為提供相應的心性關懷的職能。
10. 發展具備提供跨宗教文化交流與包容多元宗教信仰的心性關懷職能。
11. 發展具備個體自我督導的心性關懷職能，以促進自身作為社會職業人角色的成長。
12. 發展具備跨學科、多團隊協作，體現自身作為單位佛教領袖影響力，以及心性關懷供給者的權威特性職能。

　　歸納而言，依據 ACPE 形成的臨床佛教宗教師心性關懷教育，以理性、科學結合佛學理論方式，形成一特定的教育模式。此模式以實際性與應用性為根本，著重在培育臨床佛教宗教師作為社會職業人角色上，發展其作為心性關懷供給者職能，在實際日常工作中的應用意義。此中，學員駐院 1 年 4 單元 1,600 小時第 1 階段教育，具備了申請通過北美臨床宗教師資格認證機構的臨床佛教宗教師職業資格認證的條件；在駐院 1 年內完成 1-2 階段教育的學員，不僅具備了職業資格認證的條件要求，亦可依據自身的佛教傳統與佛學理論，專注一特定心性關懷領域，建立應用模型。

2.4 當代佛教社團對臨床佛教宗教師心性關懷教育體系的探索

　　在北美，除了依據 ACPE 基督新教牧靈模式為佛教徒提供「臨床心性關懷」教育之外，最近 10 年來當地的佛教社團亦逐漸依據佛學理論結合冥想禪修方式，對臨床心性關懷教育體系進行了探索。目前，廣為人知且逐漸在此領域形成一定規模與影響力的，有位於美國東岸的紐約冥想禪修關懷中心，以及位於新墨西哥州西南方的善巧禪修中心（Upaya Institute and Zen Center）。①
　　紐約冥想禪修關懷中心開設了 1 單元 400 小時的佛教臨床心性關懷教育，

---

①New York Zen Center for Contemplative Care, "Professional Chaplaincy Training (CPE)," accessed on January 14, 2022, available at https://zencare.org/contemplative-care-training-program/professional-cpe-buddhist-chaplaincy-training；Upaya Institute and Zen Center, "Prison Outreach Program," accessed on January 14, 2022, available at https://www.upaya.org/social-action/prison-outreach/

1 期 10 個月，內容集中在應用佛學、冥想禪修和佛教道德倫理基礎上，發展臨床心性關懷職能。① 紐約冥想禪修關懷中心為 ACPE 的加盟會員，其臨床心性關懷的教育宗旨，依據了 ACPE 的牧靈要求設定，學員在該中心接受完 4 單元 1,600 小時的臨床心性關懷教育（按照其 1 單元 1 期 10 個月計算，則 4 單元需用 3.4 年時間），符合成為臨床佛教宗教師的資質。

此外，值得注意的是，該中心的佛教臨床心性關懷教育與紐約神學院（New York Theological Seminary）36 學分制的牧靈關懷與諮詢研究生學位（Masters of Arts in Pastoral Care and Counseling）教育課程聯合，形成一規範的臨床心性關懷教育項目。學員可以在該中心接受臨床心性關懷教育的同時，選修紐約神學院的 36 學分制課程，結合該中心提供的第 1 階段與第 2 階段共 2 期佛教冥想禪修關懷課程（36 學分，1 期 1 年 18 學分），組成符合當地宗教師資格認證機構有關臨床佛教宗教師職業資格認證的普通高校 72 學分制研究生學歷條件要求。②

與紐約冥想禪修關懷中心 1 期 10 個月的臨床佛教宗教師心性關懷教育相比，新墨西哥州善巧禪修中心提供的臨床佛教宗教師心性關懷教育，1 單元 400 小時，1 期 2 年，以佛教利他視野、佛教倫理教育、正念冥想禪修、般若哲學思想，以及菩薩入世精神，通過系統研習社會制度理論，人文科學與職業化宗教社服模式，完成如下兩個方面的佛教臨床心性關懷事業：（1）實踐安寧療護之緩和照護，此項目與 ACPE 形成加盟教育關係；（2）在臨床心性關懷實踐中，積極推動為社會制度性暴力受害者發聲，伸張正義，以佛教入世菩薩道精神，對社會制度性暴力進行抵制與反擊。③ 歸納此二佛教社團提供的臨床心性關懷教育，具體內容如下表所明：

佛教社團教育	宗旨
紐約冥想禪修關懷中心	提供 1 期 10 個月 1 單元 400 小時，基於佛教冥想禪修的心性關懷教育；為臨床牧靈教育協會加盟機構；2 期冥想禪修課程結合紐約神學院 36 學分制牧靈關懷與諮詢研究生課程，

---

①NY Zen Center, "Accredited Contemplative Chaplaincy Training," accessed on January 14, 2022, available at https://zencare.org/accredited-chaplaincy-training-cpe/

②NY Zen Center, "Master of Arts in Pastoral Care and Counselling," accessed on January 14, 2022, available at https://zencare.org/master-of-arts-in-pastoral-care-and-counseling/

③Upaya Institute and Zen Center, "Buddhist Chaplaincy Training Program," accessed on January 14, 2022, available at https://www.upaya.org/social-action/chaplaincy/; 依據挪威社會學家加爾通（Johan Galtung）的說法，社會制度性暴力體現在政治與經濟上強者通過制度結構對弱者形成間接、隱性的暴力。譬如，由特權產生的階級分化、貧富不均、種族歧視以及文化偏見等。參見 Johan Galtung, "Violence, Peace, and Peace Research," *Journal of Peace Research, 6(3)*, 1969, pp. 167–191.

	形成符合宗教師職業協會認證委員會資格認證的 72 學分制佛教宗教師碩士學位要求。
新墨西哥州善巧禪修中心	提供 1 期 2 年 1 單元 400 小時，基於安寧療護之緩和照護的臨床佛教宗教師心性關懷教育；為臨床牧靈教育協會加盟機構；訓練臨床佛教宗教師為社會制度性暴力受害者發聲；學員在完成心性關懷教育課程，於定點醫院完成臨床心性關懷實踐，獲得佛教宗教師碩士學位，具備了臨床佛教宗教師資格認證的條件。

從上表格可見，雖然此二佛教社團的臨床佛教宗教師心性關懷教育宗旨與目的，側重點上有所不同，但是其依據佛學理論、冥想禪修結合佛教倫理，發展出的的佛教臨床心性關懷的教育模式，則基本一致，著重在以 1 期 2 年或 2 期 2 年（1-2 階段佛教冥想禪修關懷課程）培育臨床佛教宗教師作為教職人員的情操品德，以及據於佛學理論基礎的心性關懷職能。

值得注意的是，北美臨床佛教宗教師的根本性質為社會職業人角色，其接受臨床心性關懷教育的目的，在於能夠以最短的時間，最經濟的方式，完成臨床心性關懷教育，然後受聘上崗就業。佛教社團提供的臨床心性關懷教育項目，不僅耗時長，而且開支大，非一般人所能承受。以紐約冥想禪修關懷中心為例，該中心提供的 1 期 1 單元 400 小時，為期 10 個月的臨床心性關懷教育，若以每單元中間值學費 500 美元計（北美不同臨床牧靈教育機構學費的收取標準，介於 400-600 美元不等），4 單元學費為 2,000 美元。

而截至 2022 年 1 月 31 日，紐約市每月單人租房最低值為 1,488 美元（斯塔滕島），最高值為 4,163 美元（曼哈頓），平均值為 2,312 美元（佈朗克斯），單人每月 30 日無限地鐵與公交搭乘 127 美元，單人每月平均食物購買開銷 307.50 美元，單人每月最低醫療保險費用 244.58 美元，單人每月自來水、煤氣與電費最低支出 165.40 美元。[1] 據此，則尋求在紐約冥想禪修關懷中心完成 1 期 1 單元 10 個月的臨床心性關懷教育的個體學員，最低基本支出為 22,925 美元，加上 1 單元學費 500 美元，合計 23,425 美元。希望完成 4 單元 40 個月的臨床心性關懷教育，合計最低基本支出為 93,700 美元。

此外，佛教社團提供的臨床心性關懷教育，除了耗時長，開支大，尚存在醫院實踐與臨床應用理論不同步的現象，以其場所設在醫療系統之外的佛教禪

---

[1] Davina Ward, "Cost of Living in New York, NY 2022," *Apartment List*, January 31,2022, accessed on February 12, 2022, available at https://www.apartmentlist.com/renter-life/cost-of-living-in-new-york#new-york-city-transportation

坐中心。這也對於完成普通高校教育佛教宗教師研究生學位，希望在特定時間內完成 4 單元 1,600 小時的臨床心性關懷教育，然後申請通過臨床佛教宗教師職業資格認證、受聘就業的學員而言，無疑從時間與經濟兩方面考量，都存在巨大的挑戰。

就實際性而言，需要把臨床佛教宗教師作為一類社會職業謀生的學員，顯然會從時間與經濟兩方面考量，首選申請進入 ACPE 認證的定點醫院或安寧療護中心，接受駐院 1 年全職帶薪（基本年薪介於 30,000-51,000 美元不等）[1] 的臨床心性關懷教育。以求在最短時間內，以最經濟實惠的方式，完成 1-4 單元 400-1,600 小時的臨床心性關懷教育，然後申請全職帶薪，上崗就業。

---

[1] St. Luke's CPE Center, "Chaplain Resident Stipends and Benefits—Residency Year," accessed on February 12, 2022, available at https://www.stlukes-stl.com/services/clinical-pastoral-education/documents/benefits.pdf; Providence Health & Services, "Clinical Pastoral Education Residency," accessed on February 12, 2022, available at https://oregon.providence.org/our-services/c/clinical-pastoral-education/clinical-pastoral-education-residency/; Sutter Health, "CPMC Clinical Pastoral Education Schedule," accessed on February 12, 2022, available at https://www.sutterhealth.org/for-careseekers/clinical-pastoral-education-schedule-cpmc#:~:text=Current%20Residency%20stipend%20%3D%20approximately%20%2436%2C400,dental%2C%20vision%20and%20earned%20PTO; NewYork-Presbyterian, "Clinical Pastoral Education," accessed on February 12, 2022, available at https://www.nyp.org/pastoral-care/clinical-pastoral-education/full-time-residency-program

第 3 章 臨床佛教宗教師的職業資格認證

雖然，目前北美臨床佛教宗教師的就業市場，並不要求臨床佛教宗教師申請就業時，必須具備某一宗教師職業資格認證機構的資格認證，當地多數的醫院與安寧療護中心只要求申請人完成 1-2 單元，400-800 小時的臨床心性關懷教育。但是，依據我在北美臨床醫療系統的工作經驗，臨床佛教宗教師作為當地一類新興的宗教社服職業，未來就業市場的整體趨勢，必然走向符合國際醫療衛生機構認證聯合委員會（Joint Commission for the Accreditation of Healthcare Organizations）規定的臨床醫療從業人員，必須擁有職業資格認證的條件要求。[①] 獲得臨床佛教宗教師的職業資格認證的人員，在北美的就業市場上將具有更好的競爭力。以下本章就北美臨床佛教宗教師的職業資格認證的意義、要求和程序，進行探討。

3.1 獲得臨床佛教宗教師職業資格認證的意義

為了更好地理解臨床佛教宗教師的職業資格認證與市場就業意義，我在 2021 年 11 月 14 日與 15 日，分別電話訪談了在美國中西部俄亥俄州 C 市 U 醫院服務的臨床佛教宗教師 H，以及在德州 A 市 N 醫療中心新任職臨床佛教宗教師 W。

H 在 2019 年通過美國靈性關懷協會（Spiritual Care Association, 簡稱 SCA）獲得臨床佛教宗教師的職業資格認證，W 則在 2021 年通過 APC 的 BCCI 獲得臨床佛教宗教師的職業資格認證。我從 H 與 W 的電話訪談中了解到，目前申請通過臨床佛教宗教師的職業資格認證，成為某一宗教師職業資格認證機構的會員，有以下五個方面的意義：（1）建立職業群體交際與信息交流網絡；（2）在第一時間內了解市場就業動向；（3）更好地完善自身的職業前景發展（通過參加所屬職業資格認證協會提供的訓練項目與年會等）；（4）得到專職機構背書，就業有了更好的保障；（5）薪資待遇將得到提升，最高年薪漲幅可達 10% 左右。

就臨床佛教宗教師作為社會職業人的角色而言，市場就業率與薪資高低，無疑構成其自身職業的價值意義。在北美，獲得臨床佛教宗教師的職業資格認

---

① Mark Power, op. cit., p.69.

證的人員，薪資漲幅最高可達 10%左右。這一漲幅無疑說明了臨床佛教宗教師作為社會職業人角色的價值，得到了當地就業市場的認可，從經濟上給予了肯定。依據北美急聘（ZipRecruiter）與才能聘（Talent.com）網站的公開信息顯示，2022 年美國臨床宗教師就業市場的稅前最低與最高年薪介於 4.5 萬（北卡羅來納）與 7.1 萬（華盛頓）美元，普遍年薪介於 5-6 萬美元；加拿大臨床宗教師稅前最低與最高年薪介於 5.2 萬（卑詩省）與 7.4 萬（艾伯塔省）加元，普遍年薪為 6.3 萬加元。[1]

據此，則完成資格認證的臨床佛教宗教師在美國就業市場上，最低與最高年薪漲幅介於 4,500-7,100 美元，普遍年薪漲幅介於 5,000-6,000 美元；在加拿大的就業市場上，最低與最高年薪漲幅介於 5,200-7,400 加元，普遍年薪漲幅為 6,300 加元。此若以美國聯邦政府公佈的 2022 年度個人最低貧困線（100%）收入為 12,880 美元而言，[2] 則獲得職業資格認證的臨床佛教宗教師的普遍年薪漲幅，達到了聯邦政府公佈的 2022 年度個人最低貧困線年收入的 50%左右。

此可見，雖然刻下北美就業市場，對於臨床佛教宗教師的職業資格認證，沒有硬性的要求，完成駐院 1 年 4 單元 1,600 小時的臨床心性關懷教育的人員，符合了申請市場就業的條件。但是，就臨床佛教宗教師作為社會職業人角色，在北美就業市場的意義而言，獲得職業資格認證的臨床佛教宗教師，無疑具備了更好的市場就業競爭力、個人職業發展前景，以及潛在的薪資提升待遇等。

3.2 為臨床佛教宗教師提供職業資格認證的機構

目前，北美為臨床佛教宗教師提供職業資格認證的機構主要有 3 家，美國 2 家，加拿大 1 家，分別是：APC 的 BCCI、SCA 和 CASC。此 3 家宗教師資格認證機構雖起源於基督新教背景，但已發展成為提供跨宗教性質（主要是跨基督教派性質與靈修模式）的民間非營利社團。[3]

原則上，具備資格認證條件的臨床佛教宗教師候選人，可以通過以上所舉 3 家宗教師職業資格認證機構的任何一家，申請認證，成為旗下會員，上崗就

---

[1] ZipRecruiter, "What Is the Average Chaplain Salary by State," accessed on February 21, 2022, available at https://www.ziprecruiter.com/Salaries/What-Is-the-Average-Chaplain-Salary-by-State; Talent.com, "Chaplain average salary in Canada 2022," available at https://ca.talent.com/salary?job=chaplain

[2] Paying for Senior Care, "2022 Federal Poverty Guidelines / Federal Poverty Levels," accessed on February 21, 2022, available at https://www.payingforseniorcare.com/federal-poverty-level

[3] APC, "Board Certification," accessed on February 21, 2022, available at https://bcci.professionalchaplains.org/content.asp?pl=25&contentid=25; SCA, "Requirements for Board Certification," accessed on February 17, 2022, available at https://www.spiritualcareassociation.org/requirements-for-board-certification.html; CASC, "Certified Spiritual Care Practitioners," accessed on February 21, 2022, available at https://spiritualcare.ca/certification/certified-spiritual-care-practitioners/

業。不過，到目前為止已知在美國完成 4 單元 1,600 小時臨床心性關懷教育、普通高校 72 學分制佛教宗教師碩士教育、佛教佈道師訓練、受戒以及獲得教職人員資格認證的臨床佛教宗教師，除了已知在俄亥俄州 C 市 U 醫院的 H 臨床佛教宗教師通過 SCA 獲得職業資格認證之外，其他的都選擇了通過 APC 的 BCCI 申請臨床佛教宗教師的職業資格認證。[1]

APC 的 BCCI 為北美當地知名的提供跨宗教牧侍與「有教無類」的宗教師職業資格認證機構。[2] BCCI 以不分教派、宗教信仰、文化傳統，提倡開放、包容、多元的姿態，尊重臨床宗教師的個人宗教信仰與文化傳統，以協助臨床宗教師的職業發展為願景，成為了北美臨床佛教宗教師首選申請職業資格的認證機構。[3]

依據 BCCI《白皮書》(*A White Paper*) 介紹，該認證機構在諮詢了 6 位來自日本佛教（臨濟宗、曹洞宗和淨土真宗）、藏傳和南傳佛教傳統的臨床宗教師的意見之後，對有意通過該機構申請職業資格認證的臨床佛教宗教師候選人，從普通高校的佛教宗教師教育、佛教社團的佈道師訓練，及其作為佛教教職人員的心性養成與資格認證，依據了僧團對在家佈道師的培育模式，進行了規範要求。也即，候選人必須具備「入世」與「出世」的兩方面教育，才符合了申請臨床佛教宗教師職業資格認證的條件。

依據 2019 年 5 月 2 日 BCCI 修訂的《臨床宗教師職業資格認證普通高校教育》(*BCCI Certification Graduate Education Equivalency Worksheet*) 文件要求，[4]「入世」教育，是指候選人必須在北美高等教育認證委員會（CHEA）認證的高校，修完對應 9 項牧靈核心教育，共 72 學分制的佛教宗教師碩士研究生課程，內容分別為：（1）佛教聖典文獻（sacred literature）；（2）佛學與哲學（Buddhology/philosophy）；（3）佛教儀式儀軌（ritual/liturgy）；（4）佛教史（religious history）；（5）對比宗教（comparative religions）；（6）佛教教育（religious education）；（7）寺院組織與管理（institutional organization and

---

[1] Chaplaincy Innovation Lab, "Mapping Buddhist Chaplaincy in North America," May 12, 2021, starting at 12:29-12:39, accessed on January 10, 2022, available at https://www.youtube.com/watch?v=y2ve1DOxpTk

[2] Caitlin Yoshiko Kandil, "Pandemic's suffering opens way for Buddhist chaplains," *Religion News Services*, December 2, 2020, accessed on February 20, 2022, available at https://religionnews.com/2020/12/02/pandemics-suffering-opens-way-for-buddhist-chaplains/; APC, "About Us," accessed on February 20, 2022, available at https://www.professionalchaplains.org/content.asp?pl=24&contentid=24

[3] APC, "Board Certification," accessed on February 17, 2022, available at https://bcci.professionalchaplains.org/content.asp?pl=25&contentid=25

[4] Board of Chaplaincy Certification Inc., "BCCI Certification Graduate Education Equivalency Worksheet," Revised on May 2, 2019, accessed on February 17, 2022, available at http://bcci.professionalchaplains.org/content.asp?pl=19&contentid=19; SCA, "Requirements for Board Certification," accessed on February 17, 2022, available at https://www.spiritualcareassociation.org/requirements-for-board-certification.html

administration)；（8）心性關懷與諮詢（pastoral care and counseling）；（9）心性形成（spiritual formation）。[1]「出世」 教育，指候選人必須在有特定佛教傳統與宗派信仰的領袖（出家法師或在家禪修老師）的指導下，完成佛教佈道藝術、冥想禪修、儀式儀軌（如唱誦）等訓練。BCCI《白皮書》明文規定，不接受無特定佛教傳統或宗派信仰的候選人申請臨床佛教宗教師的職業資格認證。[2]

此外，對於完成「入世」與「出世」教育要求，符合申請臨床佛教宗教師職業資格認證條件的候選人，BCCI 要求必須在所屬佛教傳統受在家佈道師戒，以及完成教職人員的資格認證。BCCI 將此項要求，全權交由候選人的佛教社團去執行、監管，以保證候選人作為教職人員的情操品德。就此而言，前文探討的紐約冥想禪修關懷中心與新墨西哥州善巧禪修關懷中心提供的臨床心性關懷教育項目，雖然耗時長，開銷大，存在醫院實踐與臨床應用理論不同步的現象，但是對於學員的佛學理論、佈道師訓練、受戒和教職人員資格認證，對比在 ACPE 接受心性關懷教育的學員而言，顯然具有明顯的優勢。

3.3 職業資格認證的普通高校教育要求

目前，已知被北美高等教育認證委員會（CHEA）認證的普通高校的佛教宗教師教育項目，有香港何鴻毅家族基金在哈佛神學院捐贈設立的佛教佈道師志業、越南一行禪師在紐約協和神學院捐贈設立的一行禪師入世佛教項目、藏傳葛舉與寧瑪派領袖丘揚創巴仁波切（Chögyam Trungpa Rinpoche，1940-1987）在卡羅拉多博爾德創辦的納羅帕大學佛教宗教師碩士學位、北加州日本淨土真宗創辦的伯克利佛學研究所佛教宗教師職業、南加州佛光山西來寺在洛杉磯創辦的西來大學佛教宗教師教育，以及由加拿大越南華裔僧人釋悟德創立的世界佛教青年聯盟在維多利亞大學伊曼紐爾學院捐贈設立以應用佛教為基礎的牧靈研究碩士學位。[3]

---

[1]Board of Chaplaincy Certification Inc., "Equivalency Issues for Buddhist Candidates for Board Certification through the Board of Chaplaincy Certification Inc. A White Paper," accessed on February 20, 2022, available at http://bcci.professionalchaplains.org/content.asp?pl=19&contentid=19

[2]Board of Chaplaincy Certification Inc., "Equivalency Issues for Buddhist Candidates for Board Certification through the Board of Chaplaincy Certification Inc. A White Paper," accessed on February 20, 2022, available at http://bcci.professionalchaplains.org/content.asp?pl=19&contentid=19

[3]Harvard Divinity School, "Buddhist Ministry Initiative," accessed on February 17, 2022, available at https://hds.harvard.edu/academics/buddhist-ministry-initiative; Union, "The Thích Nhất Hạnh Program for Engaged Buddhism," available at https://utsnyc.edu/life/institutes/buddhism-program/; Naropa University, "Master of Divinity," accessed on February 17, 2022, available at https://www.naropa.edu/academics/masters/divinity/index.php; University of the West, "Department of Buddhist Chaplaincy," accessed on February 17, 2022, available at https://www.uwest.edu/academics/graduate-programs/buddhist-chaplaincy/; Institute of Buddhist Studies-Berkeley, "Buddhist Chaplaincy," accessed on

這六所符合 CHEA 要求的高校設置的佛教宗教師碩士研究生教育，側重點有所不同。卡羅拉多博爾德納羅帕大學、北加伯克利佛學研究所、南加洛杉磯西來大學，以及加拿大維多利亞大學伊曼紐爾學院，關注了從中國漢傳佛教、藏傳佛教以及日本淨土真宗佛教傳統教理教義、道德倫理（戒律）、佛學理論結合當代社會科學，以適應時代洪流為願景，以佛法慈悲智慧對關懷尋求者提供心性關懷為宗旨，據此發展了提供跨宗教信仰、社會文化、種族性別心性關懷的佛教宗教師社會職業人角色。[①] 哈佛神學院與紐約協和神學院二校設立的佛教宗教師職業教育，側重從積極入世態度，把佛教宗教師職業作為一種社會運動，憑藉佛法形成的佛教宗教師社會職業人角色，為社會弱勢群體發聲，伸張正義。在不公平的社會環境裏，尋求不分宗教、種族、文化、傳統、性別以及階級的公正平等待遇。[②] 此六所高校根據其對佛教宗教師教育宗旨的側重不同，可歸納為兩類，具體如下所明：

高校教育	宗旨
哈佛神學院佛教佈道師志業 紐約協和神學院一行禪師入世佛教項目	以佛教教理教義、宗教師情懷和菩薩道入世精神，發展佛教宗教師參與社會正義尋求；關注政治、政策動向對社會弱勢群體的不公正影響。
納羅帕大學佛教宗教師碩士學位 伯克利佛學研究所佛教宗教師職業 西來大學佛教宗教師教育 加拿大維多利亞大學伊曼紐爾學院應用佛教之牧靈研究碩士學位	從漢、藏、日傳統佛教教理教義、道德倫理、佛法實踐模式，發展提供跨宗教、跨文化服務，同時提倡適應時代洪流為佛教宗教師職業發展宗旨。

February 17, 2022, available at https://www.shin-ibs.edu/academics/areas-of-specialization/buddhist-chaplaincy/; Emmanuel College, "Applied Buddhist Studies within Master of Pastoral Studies," accessed on February 17, 2022, available at https://www.emmanuel.utoronto.ca/the-centre-for-religion-and-its-contexts/applied-buddhist-studies-initiative/

　　[①]Institute of Buddhist Studies-Berkeley, "Buddhist Chaplaincy," accessed on February 17, 2022, available at https://www.shin-ibs.edu/academics/areas-of-specialization/buddhist-chaplaincy/; Naropa University, "About the Program," accessed on February 17, 2022, available at https://www.naropa.edu/academics/masters/divinity/about/index.php; Emmanuel College, "Applied Buddhist Studies within Master of Pastoral Studies," accessed on February 17, 2022, available at https://www.emmanuel.utoronto.ca/the-centre-for-religion-and-its-contexts/applied-buddhist-studies-initiative/; University of the West, "Buddhist Chaplaincy," accessed on February 17, 2022, available at https://www.uwest.edu/wp-content/uploads/2018/08/UWest_Academic_Catalog_2018-2019_14-Buddhist_Chaplaincy.pdf

　　[②]振冠：《北美佛教宗教師概念綜述》，第 88-89 頁；Harvard Divinity School, "Buddhist Ministry Initiative," accessed on February 17, 2022, available at https://hds.harvard.edu/academics/buddhist-ministry-initiative; Union, "The Thích Nhất Hạnh Program for Engaged Buddhism," accessed on February 17, 2022, available at https://utsnyc.edu/life/institutes/buddhism-program/

六所高校提供的佛教宗教師職業教育宗旨，主要是應用佛教宗教師職業作為一種社會正義運動載體，回應了北美當地存在的社會不公問題，如種族主義，性別歧視等；應用了佛法面對時代挑戰，如關注政治政策動向、注重宗教與文化的多元交流。北美普通高校的佛教宗教師教育，對於臨床佛教宗教師的職業生涯，形成了以下兩方面的實際價值：（1）使臨床佛教宗教師在職業生涯中，可以應用佛法參與社會運動，如關注少數族裔、同性戀、雙性戀、跨性戀、變性人、酷兒、間性人以及無性人（LGBTQIA+）等病人（包括臨床宗教師自身）群體的平等待遇；[①]（2）提供符合宗教師職業協會認證委員會 2019 年 5 月 2 日修訂的有關臨床佛教宗教師資格認證的高校教育文憑證明要求。[②]

3.4 對臨床宗教師的佛教資質認證

　　BCCI 有關臨床佛教宗教師的職業資格認證的「出世」條件要求，指臨床佛教宗教師的教職人員的身份，需有合法的出處。也即，獲得佛教社團的教職人員資格認證，[③] 並據此確認臨床佛教宗教師作為所屬佛教社團外派教職人員，進入醫院或安寧療護中心為有需求的病人，提供心性關懷的身份合法性及宗有所屬的可靠性。[④]

　　依據 BCCI 有關臨床佛教宗教師的資格認證程序要求，具備為該認證機構提供候選人的佛教教職人員資格認證的佛教社團，截至 2021 年 5 月 15 日，有如下所列 52 個（英文文檔見後附件 I: 臨床佛教宗教師的教職人員資格認證社團）：[⑤]

佛教社團名稱	佛教宗派傳承	所在地區
1 古龍禪門	日本曹洞宗	伊利諾州芝加哥
2 佛眼寺	日本曹洞宗	俄勒岡州尤金
3 灣區禪修中心	跨佛教宗派	加州奧克蘭

[①]Cheryl A. Giles and Willa B. Miller, ed., *The Arts of Contemplative Care: Pioneering Voices of Buddhist Chaplaincy and Pastoral Work*, Boston: Wisdom Publications, 2012, pp. 39-52.

[②]Board of Chaplaincy Certification Inc., "Graduate Education Equivalency Application," Revised on May 2, 2019, accessed on February 17, 2022, available at
https://bcci.professionalchaplains.org/content.asp?pl=19&contentid=19

[③]Naomi Paget & Janet McCormack, *The Work of the Chaplain,* PA: Judson Press, 2006, pp.96-100.

[④]"130.41 Members shall maintain an active relationship and good standing within the faith communities in which they are ordained, or commissioned or endorsed." Association of Professional Chaplains, *Code of Ethics for Professional Chaplains,* IL: APC, September 2000, p.3; 另參見 Naomi Paget & Janet McCormack, op. cit., p.96; Neville A. Kirkwood, *Pastoral Care in Hospitals,* Nashville: Morehouse Publishing, 2005, p.xii.

[⑤]Chaplaincy Innovation Lab, "Buddhist chaplains, as well as this list of Buddhist endorsers (current May 2021), courtesy of Elaine Yue," available at https://chaplaincyinnovation.org/resources/faith-tradition/buddhist-chaplaincy

4 北美淨土真宗總道場	日淨土真宗	加州三藩市
5 劍橋內觀禪修中心	內觀禪	麻薩諸塞州劍橋
6 俄亥俄州中部實用佛教中心	跨佛教宗派	俄亥俄州哥倫佈
7 中央山谷禪基金會	日本臨濟禪	加州帕羅奧圖
8 大地見證僧伽	藏傳佛教	網絡
9 慈心禪修中心	越南佛教	加州海沃德
10 法海基金	藏傳葛舉派	科羅拉多州博爾德
11 法教宗	越南臨濟宗	康州哈特福
12 敦納窟盆林藏傳佛教中心	藏傳格魯派	康州雷丁
13 宗薩欽哲基金會	藏傳佛教薩迦派	加州三藩市
14 五山禪宗寺	跨佛教宗派	紐約州奧尼達
15 大波斯頓禪修中心	日本曹洞宗	麻薩諸塞州劍橋
16 檀香山鑽石僧團	日本曹洞宗	夏威夷檀香山
17 曹洞佛教會休斯頓禪修中心	日本曹洞宗	德州休斯頓
18 慧林禪修中心	越南禪宗	麻薩諸塞州菲奇堡
19 美國漢傳佛教國際文教中心	漢傳臨濟宗	加州洛杉磯
20 寶藏心藏傳佛教研習中心	藏傳格魯派	密西根州安娜堡
21 高麗寺	韓國佛教	加州洛杉磯
22 公案禪宗	韓國曹溪宗	羅得島州坎伯蘭
23 頂果欽哲寺	藏傳寧瑪派	科羅拉多州博爾德
24 馬爾巴佛學院	藏傳葛舉派	俄勒岡州塞勒姆
25 美中佛教會	漢傳佛教	緬因州奧古斯塔
26 那爛陀菩提國際會	藏傳寧瑪派	華盛頓州西雅圖
27 納什維爾禪修中心	日本曹洞宗	田納西州納什維爾
28 紐約冥想禪修關懷中心	日本曹洞宗	紐約曼哈頓
29 北美創價學會	日蓮宗	加州洛杉磯
30 法華基金會	藏傳寧瑪派	科羅拉多州克雷斯通
31 佛教正念會	日本曹洞宗	加州沙斯塔
32 雷諾佛教中心	日淨土真宗	內華達州雷諾
33 瑞彌藏傳佛教中心	跨佛教宗派	密蘇里州堪薩斯
34 藏傳薩迦寺	藏傳薩迦派	華盛頓州西雅圖
35 聖所祈禱基金會	督教祈禱結合佛教冥想禪修	堪薩斯州托皮卡
36 善智藏會	藏傳寧瑪派	愛荷華州蘭辛
37 香巴拉	藏傳葛舉與寧瑪派	加拿大哈利法克斯
38 曹洞禪佛教協會	日本曹洞宗	加州伯克利
39 靈巖內觀禪修中心	跨佛教宗派	加州馬林
40 舍衛精舍	跨佛教宗派	華盛頓州紐波特
41 石溪禪修中心	日本曹洞宗	加州索諾瑪
42 藤蔓蜿蜒僧伽	日本曹洞宗	康州舊格林尼治

43 雙箭禪	跨佛教宗派	猶他州托里
44 優曇婆羅禪修中心	跨佛教宗派	伊利諾伊州 埃文斯頓
45 一行禪師聯合佛教會	越南入世佛教	加州伯克利
46 一行禪師藍崖寺	越南入世佛教	紐約州派恩佈什
47 善巧禪修中心	跨佛教宗派	新墨西哥州聖達菲
48 上谷禪修中心	日本臨濟禪宗	佛蒙特州 懷特河交匯處
49 鄉村禪道	日本曹洞宗	紐約曼哈頓
50 曹托禪修社區	跨佛教宗派	佛羅里達州 華爾頓堡灘
51 洛杉磯禪修中心	日本曹洞宗	加州洛杉磯
52 禪和平者協會	跨佛教宗派	紐約曼哈頓

　　以上所列北美 52 個佛教教職人員資格認證社團，32 個為本地白人創辦，佔比 61.5%；20 個為亞洲移民（日本、越南、馬來西亞、中國內地以及藏地）創辦，佔比 38.5%。其中亞洲移民創辦的佛教社團，有一半左右已基本本土化。香巴拉、北美淨土真宗總道場、北美創價學會、那爛陀菩提國際會、寶藏心藏傳佛教研習中心、一行禪師聯合佛教會與洛杉磯禪修中心等，雖然為亞洲移民創立的佛教社團，但是已經由本地出家法師或在家佈道師接手管理。具體歸類，如下所明：

本地白人創辦佛教社團
古龍禪門　佛眼寺　灣區禪修中心　劍橋內觀禪修中心　俄亥俄州中部實用佛教中心　中央山谷禪基金會　大地見證僧伽　五山禪宗　法海基金　公案禪宗　舍衛精舍　檀香山鑽石僧團　大波斯頓禪修中心　曹洞佛教會　休斯頓禪修中心　曹洞佛教協會　瑞彌藏傳佛教中心　納什維爾禪修中心　紐約冥想禪修關懷中心　聖所祈禱基金會　善智藏會　佛教正念會　雷諾佛教中心　靈巖內觀禪中心　石溪禪中心　優曇婆羅禪修中心　善巧禪修中心　鄉村禪道　藤蔓蜿蜒僧伽　雙箭禪　上谷禪修中心　曹托禪修社區　禪和平者協會

亞洲移民創辦佛教社團
香巴拉　北美淨土真宗總道場　慈心禪修中心　法教宗　敦納窟盆林藏傳佛教中心　宗薩欽哲基金會　慧林禪修中心　藏傳薩迦寺　頂果欽哲寺　馬爾巴佛學院　北美創價學會　高麗寺　美國漢傳佛教國際文教中心　美中佛教會　那爛陀菩提國際會　寶藏心藏傳佛教研習中心　一行禪師聯合佛教會　一行禪師藍崖寺　法華基金會　洛杉磯禪修中心

　　如上 52 個為 BCCI 的臨床佛教宗教師職業資格認證，提供候選人教職人員

資格認證的佛教社團，以日本曹洞宗為最多，共 13 個，佔比 25%。藏傳佛教次之，共 12 個，佔比 23.1%。跨佛教宗派社團，共 11 個，佔比 21.1%。其餘日本淨土真宗、日蓮宗創價學會、漢傳佛教、韓國佛教、越南佛教以及內觀禪佛教共 15 個社團，合佔 29%。52 個佛教社團分佈在全美 23 個州，以及加拿大新斯科舍省首府哈利法克斯。其中，「聖所祈禱基金會」為跨基督教派結合佛教冥想禪修而來。[①] 52 個臨床佛教宗教師教職人員資格認證社團的宗派傳統，呈現多元的特徵，但以大乘顯密佛教社團為主，這也從側面說明了當地臨床佛教宗教師的從業者，主要來自大乘佛教的追隨者。

依據桑弗博士等人 2021 年 5 月份完成的〈北美佛教宗教師地域分佈〉第 1 期研究，在全美收到總數 n=425 人次回應的問卷調查顯示，北美佛教宗教師所屬佛教傳統，有如下四個方面的來源：（1）中國與日本大乘禪宗佛教（n=187；44%）；（2）藏傳密宗與日本真言宗佛教（n=79；18.6%）；（3）南傳泰國森林派與緬甸內觀禪佛教（n=72; 16.9%）；（4）跨佛教宗派與和合宗教（如佛教、基督新教、猶太教結合練習者，n=87；20.5%），具體如下所明：[②]

佛教背景	人數	百分比
南傳佛教（泰國森林派與緬甸內觀禪）	72	16.9%
大乘禪宗佛教（中國與日本）	187	44.0%
密宗（藏傳佛教與日本真言宗）	79	18.6%
大乘禪宗佛教結合密宗	34	8.0%
南傳佛教結合大乘禪宗佛教	27	6.4%
南傳佛教結合大乘禪宗佛教與密宗	14	3.3%
南傳佛教結合其他宗教	2	0.5%
南傳佛教結合密宗	3	0.7%
其他/或無法確認佛教背景	7	1.6%
總數	**425**	**100.0%**

就以上所列具佛教宗派背景的佛教宗教師回應中，91%（n=387）表示同自身所屬的佛教社團保持著長期的良好互動關係，其中 78%（n=302）表示接受所屬佛教宗派法師或禪修老師的定期指導。此中，就佛教宗教師的教職人員資格認證、受戒和族裔性別分佈，數據分析結果顯示：n=414 回應中，n=245 表示完成了佛教教職人員的資格認證；n=421 回應中，n=196 表示已受在家佈道師戒，具體如下表所明：[③]

[①] Sanctuary Foundation for Prayer, "Home," available at http://www.fromholyground.org/

[②] Monica Sanford, Elaine Yuen, Hakusho Johan Ostlund, Alex Baskin, and Cheryl Giles, "Mapping Buddhist Chaplains in North America," January 10, 2022, unpublished doc., pp.1-4.

[③] Monica Sanford, Elaine Yuen, Hakusho Johan Ostlund, Alex Baskin, and Cheryl Giles, op. cit., p.4.

是否已完成佛教教職人員資格認證?	南傳佛教人數與百分比		大乘禪宗佛教人數與百分比		密宗人數與百分比		跨宗派/合宗教人數與百分比		總人數與百分比	
完成	39	57%	107	58%	52	68%	47	55%	245	59%
未完成	30	43%	77	42%	24	32%	38	45%	169	41%
總數	69	100%	184	100%	76	100%	85	100%	414	100%
是否已受戒?**										
已受	23	32%	115	62%	30	38%	28	33%	196	47%
未受	48	68%	70	38%	49	62%	58	67%	225	53%
總數	71	100%	185	100%	79	100%	86	100%	421	100%

**p<=.0001

從上可見，北美佛教徒在正式成為臨床佛教宗教師之前，需要受戒以及獲得佛教教職人員的資格認證。此中，「是否已受戒」問卷調查（n=421）顯示來自不同佛教宗派傳統的受戒結果差異性明顯（p<=.0001），並直接影響了候選人能否最終順利通過 BCCI 臨床佛教宗教師的職業資格認證申請。[1]

3.5 職業資格認證的程序

BCCI《白皮書》規定，北美臨床佛教宗教師必須在具備如下三個前提條件的情況下，才可以開始職業資格認證的申請程序：（1）在普通高校修完 72 學分制的佛教宗教師碩士研究生學位；（2）在所屬佛教社團接受佈道、禪修、儀式儀軌訓練，結束後受佈道師戒，以具備成為佛教教職人員的資格認證條件；以及（3）在 ACPE 認可的醫院或安寧療護中心完成 4 單元 1,600 小時的臨床心性關懷教育。

依據 BCCI 的網站公開信息顯示，該機構每年向臨床佛教宗教師開放 3 次的職業資格認證申請。申請時間分別是每年的 3 月、6 月、11 月；面試日期為 6 月、9 月和隔年的 2 月。每期面試人數為 120 人，也即，1 年 3 期面試不超過 360 位候選人。[2] 有關臨床佛教宗教師的職業資格認證的條件與要求，具體如下圖所明：

---

[1] Monica Sanford, Elaine Yuen, Hakusho Johan Ostlund, Alex Baskin, and Cheryl Giles, op. cit., pp.4-7.
[2] APC, BCCI, "2022 Certification Interview Schedule & Application Deadline," available at https://033012b.membershipsoftware.org/files/2022_certification_interview_calendar.pdf

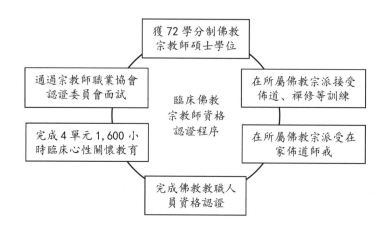

上圖中，我將 BCCI 的臨床佛教宗教師的職業資格認證程序，以「圓圈」的方式制成圖表，目的在於說明臨床佛教宗教師的職業資格認證程序，除了「面試」的步驟無法變更之外，候選人在準備認證的各項前提條件進程中，可以按順序從右至左的方式進行，也可以從圓圈中的任何一處著手。也即，候選人可以在取得 72 學分制的佛教宗教師碩士學位之後，進而接受佛教佈道師訓練、受戒、完成教職人員資格認證，然後申請至 ACPE 認證的醫院或安寧療護中心，接受 4 單元 1,600 小時的臨床心性關懷教育，之後提交書面材料，向 BCCI 申請臨床佛教宗教師的職業資格認證面試。反過來，候選人也可以先完成 4 單元 1,600 小時的臨床心性關懷教育，在主修 72 學分佛教宗教師碩士學位的同時，完成佛教佈道的訓練、受戒，以及佛教教職人員的資格認證等。

依程序，在規定時間內向 BCCI 申請職業資格認證，通過面試的臨床佛教宗教師，還必須按照該協會的規定，從五個方面保持自身作為 BCCI 會員的身份，分別是：（1）依據 APC 制定的《宗教師倫理準則》規定，規範臨床心性關懷工作；（2）在每年 10 月份按時繳納 250 美元會員費；（3）參加該協會主辦的持續教育項目（如每年年會），或從事同自身職業工作發展相關的教研項目，每年不得少於 50 小時；（4）每 5 年完成一次（在 12 月份期間）不少於 90 分鐘、至少 3 位職業同行參與的評審（評審內容主要涉及個人作為臨床佛教宗教師社會職業人角色發展，以及自身同所屬佛教宗派關係狀況）；（5）同行評審結束後 10 天內，提交一份評審結果報告。[1]

　　[1]BCCI, "Maintenance of Certification," accessed on February 20, 2022, available at https://bcci.professionalchaplains.org/content.asp?admin=Y&pl=0&sl=0&contentid=21; BBCI, "Continue Education Program Guidelines for Maintenance of BCCI Certification," accessed on February 20, 2022, available at https://033012b.membershipsoftware.org/files/ce_guidelines_9-21.pdf; BCCI, "Peer Review Guidelines: Five-Year Maintenance of Certification Peer Review," accessed on February 20, 2022, available at

第 4 章 臨床佛教宗教師的職業倫理規範

在北美，臨床宗教師的工作有嚴密的職業倫理規範，主要體現在《宗教師倫理準則》、《公共倫理準則》[1]等從業規定中。作為臨床宗教師的新興類型，臨床佛教宗教師均要遵守這些規範。本章主要從佛教宗教師的價值觀與宗教觀要求、依法保障病人隱私權利、正確診斷與合理評估、介入模式，以及佛教宗教師自身的權利保護等方面，探析作為社會職業人角色的北美臨床佛教宗教師的職業倫理規範。

4.1 臨床佛教宗教師的價值觀與宗教觀要求

臨床佛教宗教師作為社會職業人為病人提供心性關懷，需有法可依。這一點可以追溯到美國社會文化中的政教分離傳統。美國《憲法》第一修正案第一條有關宗教自由實踐的條款規定，國會不得制定法律設立國教，也不得干涉公民宗教實踐的自由。[2]依據《憲法》精神，臨床佛教宗教師作為社會職業人在北美臨床醫療系統、特別是在聯邦政府醫療系統內，為病人提供心性關懷，需承擔憲法「守門人」的角色，也即，臨床佛教宗教師在醫療機構為有需求的病人提供心性關懷，必須守護病人的宗教信仰權利根基，並確保病人的這種「權利根基」在臨床醫療系統中得到尊重與落實。[3]

依此根基，北美臨床佛教宗教師作為社會職業人角色，有明確的價值觀和宗教觀要求。具體而言，首先，臨床佛教宗教師作為社會職業人的角色，其實踐必須依據在職事業單位的規章制度，履行好自身作為心性關懷供給者的角色職責，為病人提供在地及時、適當有效的關懷服務。其次，臨床佛教宗教師必

---

https://033012b.membershipsoftware.org/Files/maintenance_of_certification/peer_review_guidelines.pdf

[1]《宗教師倫理準則》由宗教師職業協會於 2000 年 9 月 24 日制定。該倫理準則分 3 項 31 條，對臨床宗教師的工作進行了規範。《公共倫理準則》於 2004 年 11 月 7 日由宗教師職業協會、美國牧靈諮詢師協會、臨床牧靈教育協會、天主教全國宗教師協會、猶太教宗教師協會以及加拿大靈性關懷協會共同制定。該倫理準則共 7 項 52 條，綜合性全、覆蓋面廣，對所有臨床宗教師從業者——督導、培訓師与學員——的職業行為進行了規範。參見 Association of Professional Chaplains, *Code of Ethics for Professional Chaplains,* IL: APC, September 2000; The Constituent Boards of the Council on Collaboration, *Common Code of Ethics for Chaplains, Pastoral Counselors, Pastoral Educators and Students,* OR: CBCC, November 7, 2004.

[2]The World Book Encyclopedia, *About America: The Constitution of the United States of America with Explanatory Notes*, IL: World Book, 2004, p.70.

[3]Naomi Paget & Janet McCormack, op. cit., pp. 98-110; John W. Brinsfield, *Encouraging Faith, Supporting Soldiers: The United States Army Chaplaincy, 1975-1995,* Washington, DC: Office of the Chief of Chaplains, Department of the Army, 1997, pt. 1, p.130.

須維護、尊重所在單位員工的不同宗教信仰自由，積極提升單位不同宗教文化與員工精神生活品質。

在實踐中，工作單位有權依據《宗教師倫理準則》、《公共倫理準則》條文規定，對臨床佛教宗教師作為社會職業人角色的從業規範、思想品德和宗教情操，進行定期的檢測、評估，以決定是否繼續聘用。因此，臨床佛教宗教師的價值觀與宗教觀不僅構成了自身的社會職業人角色特徵，同時也決定著臨床佛教宗教師能否繼續在就職單位工作。

依據《宗教師倫理準則》第 130.3 條以及《公共倫理準則》第 3.2 條文規定，佛教宗教師不僅要彰顯所在就職工作單位的價值理念，按照就職單位的要求和期待，完成單位佈置的工作任務，同時還必須保證誠實的個人從業品德，定期提升自身的職業能力，由此彰顯自身作為臨床佛教宗教師的宗教情操的可靠性。如佛教宗教師因為職業能力、個人品德或宗教情操問題，被單位辭退，本人必須及時知會為其授戒與發放教職人員資格認證的佛教社團，並向宗教師職業協會認證委員會及時提交書面報告，接受其倫理委員會指派專職人員的諮詢、調查。[①]

依據《宗教師倫理準則》、《公共倫理準則》條文規定，臨床佛教宗教師作為社會職業人角色，其在臨床實踐中的價值觀與宗教觀要求，主要體現在以下五方面的內容：（1）尊重他人權益，給予尊嚴；（2）尊重他人的性別、種族、文化傳統與宗教信仰；（3）尊重他人的人生經驗與社會成就；（4）平等服務一切人，不得以任何理由或形式歧視他人；（5）保持宗教師誠實正直品德，杜絕任何不端從業行為。此五點內容，在《宗教師倫理準則》和《公共倫理準則》中均有體現。

《宗教師倫理準則》第 130 條為「會員必須尊重與照顧所有人的尊嚴」，其中規定：

> 130.11 會員必須平等服務所有人，不得因宗教、信仰團體、種族、少數民族、性取向、性別、年齡或殘障而區別對待。
> 130.12 會員在宗教師職業實踐中，必須尊重其他職業人士、同事以及服務對象的觀點、信仰和職業上的努力。
> 130.13 會員必須肯定所有人的宗教和精神自由，不得在宗教師職業實踐中對他人強行灌輸自己的宗教教義或修持方法。
> 130.14 會員不得在宗教師職業實踐中，縱容或支持對同事或他人的

[①]Association of Professional Chaplains, op. cit., 130.31, 130.32, 130.33 & 130.34, p.3；The Constituent Boards of the Council on Collaboration, *Common Code of Ethics for Chaplains, Pastoral Counselors, Pastoral Educators and Students,* OR: CBCC, November 7, 2004, p.3.

歧視。

130.15 會員有責任在心性關懷中保持誠實與正直。會員不得利用自己的職業身份、知識或其他方式牟取私利。會員不得在精神、經濟、性行為或其他方面，剝削損害他人。

130.16 會員不得有不端性行為。不端性行為包括性虐待、性剝削和性騷擾。不端性行為還包括但不局限於如下內容：不受歡迎的性要求、要求獲取性好處及與性相關的語言、肢體或視覺行為；或其他任何可能被認為不端性行為的行為模式。[1]

在《公共倫理準則》第 1 項「同關懷尋求者的關係倫理準則」中，第 1.1、1.3、1.7 以及 1.8 條規定：

1.1 在語言和行為上，尊重所有人的尊嚴與價值觀。

1.3 尊重服務對象的文化與宗教信仰價值，不得對服務對象強行灌輸自己的價值觀或宗教信仰。

1.7 在同關懷尋求者的關係中杜絕任何形式的不端性行為、性騷擾或性侵犯。

1.8 在同關懷尋求者的關係中杜絕任何形式的騷擾、強迫、恐嚇或其他侮辱性的語言、肢體行為。[2]

分析以上《宗教師倫理準則》、《公共倫理準則》的條文，可以發現，這些文本將臨床宗教師視為一種社會職業人角色，規定了其在從業中必須遵守的價值觀與宗教觀原則，內容兼具實際性與應用性。譬如，《宗教師倫理準則》、《公共倫理準則》條文都規定了，臨床佛教宗教師必須在臨床工作中，尊重病人的不同宗教信仰與文化傳統，不得在從業中也就是為病人提供心性關懷的過程中嘗試改變病人的宗教信仰或修持方式，不得在從業中把自身的宗教信仰或人生價值理念強加給病人，必須在臨床工作環境中尊重所有人的尊嚴——也即，尊重不同的人種族群、價值理念、文化傳統以及年齡性別等。

臨床佛教宗教師作為社會職業人角色，在實踐規範上的行為可靠性，並不僅僅是以宗教意義上的「道德倫理」（如佛教戒律）為標準，還在法律依據上做出了嚴格的規範。譬如，《宗教師倫理準則》、《公共倫理準則》的條文同時強調，宗教師不得在工作中縱容非法歧視，禁止在權利不對等的情況下強迫、恐嚇他人，或用語言、肢體的方式對關懷尋求者進行騷擾——特別是不端的性騷擾行為。

就臨床佛教宗教師在美國醫療機構的實踐倫理而言，具體內容符合了 1964

---

[1] Association of Professional Chaplains, op. cit., p.2.
[2] The Constituent Boards of the Council on Collaboration, op. cit., p.2.

年美國國會通過的《民權法案》（*The Civil Rights Act of 1964*）以及 1994 年通過的《反婦女受暴力法案》（*Violence Against Women Act of 1994*）法規要求。《民權法案》第 7 章（Title VII）明文規定禁止任何人在任何事業單位，以任何形式或理由（種族、性別、國籍、年齡或殘障）對他人進行非法歧視；《反婦女受暴力法案》則針對婦女被性騷擾或性侵害案件，要求各級政府與司法部門，對單位或個人舉報的案件進行及時、認真處理，對受害人採取安全保護措施，提供有效的法律與經濟援助。[①]

　　由此可見，對現行法律與宗教師倫理準則的尊重、履行，貫穿了整個臨床佛教宗教師的從業精神，臨床佛教宗教師作為社會職業人角色為有需求病人提供心性關懷的價值與意義，正是在此基礎上形成。

4.2 依法保障病人的隱私權

　　依法保障臨床病人的隱私權，是對臨床佛教宗教師的重要要求。在美國，臨床佛教宗教師在醫療機構的工作，需遵守 1974 年美國國會通過的《隱私法案》（*The Privacy Act of 1974*）。[②] 佩吉（Naomi Paget）與麥肯馬克（Janet McCormack）在《宗教師的工作》（*The Work of the Chaplain*）一書第 3 部分第 11 章提出，宗教師在實踐中依法保障病人的隱私權利，必須遵守下述三點原則：（1）尊重病人的信息交流特權；（2）遵守臨床佛教宗教師職業倫理中為病人保密的規定；（3）尊重相關法律賦予病人的隱私權利。[③]

　　在實踐中，臨床佛教宗教師對於病人「信息交流特權」的尊重，指病人在接受臨床佛教宗教師提供的心性關懷時，無論是正式的諮詢，抑或非正式的私下交流，病人分享的一切信息都享有不被披露的「特權」。也即，在接受臨床佛教宗教師提供的服務期間，病人在交流過程中向臨床佛教宗教師分享的所有個人信息，都擁有不被複述給第三者、任何機構（官方與非官方）或公眾的權利。除非病人本人書面簽字同意將與臨床佛教宗教師交流時分享的私人信息公開，否則即使臨床佛教宗教師被法院要求出庭作證並提供病人的個人信息，也應當謹慎行事或直接以此為由拒絕出庭。[④]

[①]U.S. Equal Employment Opportunity Commission, "Title VII of the Civil Rights of 1964," accessed on February 11, 2022, available at https://www.eeoc.gov/laws/statutes/titlevii.cfm; U.S. Congress, *The Violence Against Women Act of 1994,* DC: U.S. Government Information, 1994, Title I, sec. 101-109；另參見 Martha Burt, Lisa Newmark, Mary Norris, Daryl Dyer & Adele Harrell, *The Violence Against Women Act of 1994: Evaluation of the STOP Block Grants to Combat Violence against Women,* DC: Urban Institute, 1996, pp. v-viii.
[②]U.S. Department of Justice, *The Privacy Act of 1974: 5 U.S.C. § 552a,* DC: USDJ, 2012, pp.315-336.
[③]Naomi Paget & Janet McCormack, op. cit., pp.102-105.
[④]Naomi Paget & Janet McCormack, op. cit., pp.102-103.

除了法律上規定需特別處理之「特殊案例」外，臨床佛教宗教師作為社會職業人角色，沒有逾越病人享有的「信息交流特權」的權限。所謂的「特殊案例」，在美國是指虐待兒童或老人的違法案例。對此類案例，法律規定所有公民必須依法、依程序對施虐者進行及時舉報。假如，臨床佛教宗教師在為病人提供心性關懷過程中，發現病人涉及虐待兒童或老人的案件，則需要根據聯邦政府 2017 年頒佈的《預防與對治兒童虐待法案》（*The Child Abuse Prevention and Treatment Act 2017*）或《預防與檢舉老人虐待法案》（*Elder Abuse Prevention and Prosecution Act of 2017*）以及各州政府的法律規定，依法按照程序對關懷尋求者進行舉報。不過，需要注意的是，臨床佛教宗教師仍然有義務當面告知關懷尋求者，其行為觸犯了聯邦法及州法有關兒童或老人虐待預防與保護法案，臨床佛教宗教師作為公民，依法有責任和義務對關懷尋求者的違法行為進行舉報。若臨床佛教宗教師本人所在地區，沒有法律規定對兒童或老人虐待案進行舉報，則有必要依據實際情況，做出「舉報」或「不舉報」的最後判斷。[①]

　　臨床佛教宗教師在實踐中還需遵守同病人簽訂的保密協議。依據《宗教師倫理準則》、《公共倫理準則》要求，臨床佛教宗教師為有需求病人提供心性關懷服務時，必須遵守職業倫理同病人設定的、行之有效的保密協議，在具體規範上，須遵守法律規定、就業單位政策、為教職人員提供資格認證的佛教社團章程以及宗教師職業協會要求等，謹慎處理病人的私人信息。

　　《宗教師倫理準則》第 130.2 條文規定：會員必須尊重隱私。具體要求是：

　　　　130.21 會員必須遵守所在單位政策、所屬宗教傳統以及法律規定對關懷尋求者所分享的私人信息的保密要求。
　　　　130.22 會員不得拿關懷對象或其家人曾告知自己的私人信息，來嘲諷或戲弄。
　　　　130.23 會員必須致力於在任何【與督導】會面諮詢、會議介紹或發表文章時，保護關懷對象可以被識別的私人信息，除非得到其本人或其家屬（在本人無法給以同意的情況下）授權公開信息的書面同意。[②]

　　《公共倫理準則》亦規定臨床宗教師作為社會職業人角色，有責任為病人告知的私人信息保密，如其第 1.0 項的內容是「同關懷尋求者關係之倫理原則」，具體包括：

　　　　——當使用關懷尋求者的相關信息用於教育目的或寫作出版時，必須

[①]Naomi Paget & Janet McCormack, op. cit., pp.98-100.
[②]Association of Professional Chaplains, op. cit., p.3.

採取安全措施保護關懷尋求者的隱私。

——當與關懷尋求者的家屬或好友接觸時，必須尊重和保護關懷尋求者因為信任自己而分享的私人信息。如果關懷尋求者本人須治療【疾病】的緣故，必要提供其私人信息，也需得到關懷尋求者的同意。這是為了所有人的安全起見，也是為了避免違犯法規。①

依據《公共倫理準則》第 1.10 條文規定，當病人面臨重大疾病，需要接受治療時，佛教宗教師有可能在此種情況下被要求披露病人交流的私人信息，以協助病人的疾病治療。在該種情況下，在「不違犯法律要求」與宗教師職業倫理準則的前提下，臨床佛教宗教師被允許向第三方提供病人的私人信息。這裏的「不違犯法律要求」，在美國主要是指不違犯 1996 年國會通過的《健康保險隱私與責任法案》（*Health Insurance Portability and Accountability Act of 1996*）對如何使用病人私人信息的規定。依據《健康保險隱私與責任法案・隱私條例》（HIPAA Privacy Rule）的規定，臨床佛教宗教師向第三方透露病人交流的私人信息時，目的必須僅僅只是為了病人的疾病治療。②

關於這一點，佩吉與麥肯馬克在《宗教師的工作》一書中指出，當關懷尋求者面對重大醫療危機，醫生需從臨床宗教師處得到關懷尋求者的私人信息，以便用於治療、拯救關懷尋求者的生命時，法律要求臨床宗教師可以打破與關懷尋求者之間的保密協議。③《公共倫理準則》第 1.10 條文規定，臨床佛教宗教師在向醫生披露病人告知的私人信息之前，如果病人的意識仍然清醒，要先徵得病人本人的同意。如果病人當時已不省人事，依據《宗教師倫理準則》第 130.23 條文規定，則有必要徵得病人家屬的同意。

又依據《公共倫理準則》第 4.10 的條文規定，臨床佛教宗教師在向醫生提供病人告知的私人信息時，務必做到只提供與病人的疾病治療相關的信息，不涉及病人分享的其他方面的私人信息。④ 這麼做不僅避免了臨床佛教宗教師法律規定與《宗教師倫理準則》、《公共倫理準則》有關保護關懷尋求者交流的私人信息的要求，同時也體現了臨床佛教宗教師作為社會職業人角色的信譽與對

---

① The Constituent Boards of the Council on Collaboration, op. cit., p.2.

② 45 CFR § 164.501 "'Treatment' generally means the provision, coordination, or management of health care and related services among health care providers or by a health care provider with a third party, consultation between health care providers regarding a patient, or the referral of a patient from one health care provider to another." U.S. Department of Health and Human Services, "Uses and Disclosures for Treatment, Payment, and Health Care Operations," *OCR HIPAA Privacy,* December 3, 2002 Revised April 3, 2003, accessed on February 20, 2022, available at https://www.hhs.gov/hipaa/for-professionals/privacy/guidance/disclosures-treatment-payment-health-care-operations/index.html

③ Naomi Paget & Janet McCormack, op. cit., p.106.

④ "4.10 Communicate sufficient information to other care team members while respecting the privacy of clients." The Constituent Boards of the Council on Collaboration, op. cit., p.3.

病人人格尊嚴的尊重，使得臨床佛教宗教師真正成為病人人生路上值得信賴的善友知識，以及內心坎坷途中的忠實守護人。

就此而言，臨床佛教宗教師必須尊重病人的隱私權利。在美國，《隱私法案》U.S.C. § 552a 項「保護個人信息記錄」（"Records Maintained on Individuals"）規定，任何機構或個人，不得在沒有得到當事人書面簽字同意的情況下持有、收集、使用或散佈個人信息記錄。[①] 其中「記錄」的具體定義如下：「『記錄』一詞指任何被個人或機構持有、收集、使用或散佈的單片、匯集或成組的私人信息，內容包括但不局限於個人教育背景、財務轉賬記錄、病歷、犯罪記錄或工作經歷等信息，以及所有包含個人名字、可識別號碼、標誌或其他可識別當事人的信息，比如一份指紋、聲紋或圖像。」[②]

據此，病人在法律上擁有絕對的權利選擇自己的任何個人信息不被公開，或在什麼時候、什麼地點、以什麼樣的方式被公開。臨床佛教宗教師無權干涉或逾越，為病人作主張，洩露其私人隱私。無論是從《隱私法案》等法律的層面來看，還是從《宗教師倫理準則》、《公共倫理準則》等職業倫理層面來看，病人的隱私權都有著神聖不可侵犯的特質，臨床佛教宗教師作為社會職業人角色，在實踐中必須給予病人隱私絕對的尊重與保護。

綜上，臨床佛教宗教師在保障病人隱私權利方面的實踐規範，主要是依據《隱私法案》、《健康保險隱私與責任法案・隱私條例》、《宗教師倫理準則》、《公共倫理準則》的規定，依法依規對病人分享的個人信息進行妥善保護，明確與自身職業實踐相關的各項法律規定、單位政策和宗教師倫理準則對正確處理特殊案例的具體要求。

4.3 正確診斷與合理評估

本節將從北美臨床佛教宗教師為病人提供心性關懷服務的診斷與評估，分析其作為社會職業人角色的實踐規範。

診斷與評估是北美臨床佛教宗教師作為社會職業人角色在臨床實踐中用以發現病人問題（身、心、社、靈等問題），計劃介入並協助病人解決問題的重

[①] 《隱私法案》之 U.S.C. § 552a 開篇第三條，對 "Maintained" 一詞的定義為：持有（maintain），收集（collect），使用（use），或散佈（disseminate）。參見 U.S. Department of Justice, op. cit., p.317.

[②] "The term 'record' means any item, collection, or grouping of information about an individual that is maintained by an agency, including, but not limited to, his education, financial transactions, medical history, and criminal or employment history and that contains his name, or the identifying number, symbol, or other identifying particular assigned to the individual, such as a finger or voice print or a photograph." U.S. Department of Justice, op. cit., p.317.

要手段與方法。就目前北美臨床佛教宗教師的職業工作而言，正確的診斷與合理的評估步驟，讓臨床佛教宗教師能夠對病人的問題做出清晰的判斷，提供規範的引導，以及設定出有效的介入計劃，以協助病人解決問題。

診斷與評估在北美臨床佛教宗教師領域的運用，依據杜諾萬宗教師（Chaplain D.W. Donovan）在〈評估〉（"Assessments"）論文的研究，最早出現在 21 世紀初，由基督教臨床宗教師從醫療系統借鑒而來。杜諾萬宗教師介紹道，臨床醫療實踐中對病人的診斷與評估方式，具有聞、望、診、斷四種特質。「聞」，指臨床醫師用心傾聽病人「故事」，以便從中發現病人的過去病歷與當前治療需注意的事項；「望」，指臨床醫師以自身的從醫經驗，在視覺上用心觀察病人症狀，注意病人沒有發現或不了解的病情；「診」，指臨床醫師在收集完與病人疾病相關的信息之後，對病人當下的症狀性質進行合理評估；「斷」，指臨床醫師在合理評估病人的疾病症狀之後，確定以何種方式介入病人的疾病治療，有效地協助病人疾病療癒。[①]

目前，北美臨床佛教宗教師從業實踐中的診斷與評估，建立在相同的思路與原理上。臨床佛教宗教師在傾聽病人的「故事」過程中，以傾聽到的「故事」作為了解病人自身問題的「事實依據」，通過對病人所述「故事」進行正確診斷與合理評估，確定故事本身的真實性質，然後設定心性關懷計劃，以及提供心性關懷的介入模式，力求在最大程度上協助病人解決問題。不同於臨床醫師對病人的診斷與評估，目的在於治療病人的生理疾病，臨床佛教宗教師的診斷與評估目的在於協助病人治療「心」病。因此，重點放在診斷與評估病人心性發展軌跡中的宗教信仰、家庭背景、社交人際、文化傳統以及心性狀態，對病人本身疾病療癒與內心問題（煩惱情緒）的影響。[②]

在臨床佛教宗教師的日常工作中，雖然診斷與評估被分成為不同的步驟進行，但是個完整的系統，模式為：在診斷中完成評估，在評估中完成診斷。實踐中，診斷與評估之正確與否，取決於「聞」的結果有無偏差。也即，好的「傾聽」技巧，是臨床佛教宗教師完成診斷、評估，以及最後介入協助病人解決問題的前提。因此，掌握好的傾聽技巧，是臨床佛教宗教師得以協助病人解決問題的開端。

就目前北美臨床佛教宗教師的實踐而言，好的傾聽技巧主要分為兩個步驟：

① D. W. Donovan, "Assessments," in *Professional Spiritual & Pastoral Care: A Practical Clergy and Chaplain's Handbook*, ed. by Rabbi Stephen B. Roberts, Woodstock: Skylight Paths Publishing, 2012, pp.42-43.

② George Fitchett, *Assessing Spiritual Need: A Guide for Caregivers*, Minnesota: Augsburg/Fortress Press, 1993, pp.16-7；D. W. Donovan, op. cit., pp.42-60；Norma Gutierrez, "Cultural Competencies," in *Professional Spiritual & Pastoral Care: A Practical Clergy and Chaplain's Handbook*, ed. by Rabbi Stephen B. Roberts, Woodstock: Skylight Paths Publishing, 2012, pp.407-420.

第一步，靜態深度傾聽；第二步，動態有效傾聽。依據原克萊蒙神學院比得沃爾（Duane R. Bidwell）教授介紹，臨床佛教宗教師作為社會職業人在從業中使用的靜態深度傾聽，來自佛教正念禪修現前專注的特性，是不帶個人評判，保持開放心態的默然靜聽。[1] 動態有效傾聽，指向臨床佛教宗教師在提供心性關懷過程中對病人所述的私人「故事」，從情感和語言互動上給予如實反應、清晰梳理。

在臨床實踐中，靜態深度傾聽完全不帶個人偏見。也即，臨床佛教宗教師對病人傾訴的故事（無論悲喜），都不以個人的經驗或價值觀加以評判，認為「應該是這樣」，或對病人的「故事」在心裏預先設定判斷。以臨床佛教宗教師的社會職業人角色而言，任何尋求從固定模式對病人傾訴的「故事」進行分類、定位的做法，無疑都是個人的「知見」或「偏見」，有違自身作為社會職業人角色的職能，也有違病人所述「故事」本身所要傳達的信息內容。不帶個人偏見的靜態深度傾聽，允許臨床佛教宗教師作為一位傾聽者，保持自身「清空」的狀態，在最大程度上通過靜默傾聽病人心聲的方式，以病人敘述的「故事」為事實依據，深入了解病人面臨的身、心、社、靈問題本質，及其前因後果關係，發現其內心的真實感受與心結所在，從而做出有效的介入計劃，以協助解決問題。[2]

在靜態深度傾聽的基礎上，動態有效傾聽的主要表現，是臨床佛教宗教師在為病人提供心性關懷過程中，從病人的語言與面部表情反應上，同病人做適當的情感互動。適當的情感互動，除了可以讓病人確定自己同臨床佛教宗教師的交流有效之外，也傳達了臨床佛教宗教師對病人告知的信息、傾述的「故事」感同身受，能夠不帶個人偏見地尊重病人內心感受，理解、支持病人遭遇的人生困境與挑戰。在動態有效傾聽技巧裏，適當的語言互動，必須直接扼要，直指病人自身面臨的問題本質，引導病人從傾訴故事的過程中，發現自身問題的徵結所在，並找出有效的解結方案。

根據庫斯（Mark Cress）在《企業宗教師完整實用手冊》（*The Complete Corporate Chaplain's Handbook*）一書中的分析，動態有效傾聽技巧中的語言互

[1] Duane R. Bidwell, "Deep Listening and Virtuous Friendship: Spiritual Care in the Context of Religious Multiplicity," in *Buddhist-Christian Studies,* eds. by Thomas Cattoi and Carol Anderson, HI: University of Hawai'i Press, 2015, Vol. 35, pp.3-13.

[2] Cari Jackson, *The Gift to Listen, the Courage to Hear,* Minneapolis: Augsburg Fortress, 2003; Willard W.C. Ashley, "Counseling and Intervention," in *Professional Spiritual & Pastoral Care: A Practical Clergy and Chaplain's Handbook,* ed. by Rabbi Stephen B. Roberts, Woodstock: Skylight Paths Publishing, 2012, pp.119-131; Duane R. Bidwell, op. cit., pp.3-13; Robert A. Kidd, "Foundational Listening and Responding Skills," in *Professional Spiritual & Pastoral Care: A Practical Clergy and Chaplain's Handbook,* ed. by Rabbi Stephen B. Roberts, Woodstock: Skylight Paths Publishing, 2012, pp.92-105.

動技巧，指宗教師對用詞的謹慎選擇，宗教師必須明瞭掌握所用詞彙對關懷尋求者傾訴「故事」情節的影響。比如，當用「什麼」或「如何」等詞彙，對關懷尋求者進行開放式提問時，既有助於關懷尋求者打開話題，也有利於宗教師調控、引導關懷尋求者進入問題細節的描述。當用「誰」、「何時」或「哪裏」等詞彙，對關懷尋求者進行閉合式提問時，則有助於診斷關懷尋求者問題的來龍去脈、前因後果。[1]庫斯提供的「開放」與「閉合」提問方式，是目前北美臨床佛教宗教師在從業中評估病人需求時常用的方式。

臨床佛教宗教師通過靜態深度傾聽與動態有效傾聽，引導、調整病人講「故事」的方式，從病人講述的「故事」中，正確診斷出病人的問題徵結所在，合理評估問題的解決路徑，然後設計出有效的介入模式，協助病人解決問題。在這一過程中，一般而言，前期需要注意以下兩個方面的事項。首先，臨床佛教宗教師在介入協助病人解決問題之前，需要謹慎評估病人「故事」背後隱藏的多層內容——如宗教信仰、家庭背景、社交人際、文化傳統以及精神狀況等。合理評估其中多層內容之間的交錯關係對病人所面臨問題的影響，以設計出最好的介入模式。[2]其次，在介入協助病人解決問題的過程中，臨床佛教宗教師作為社會職業人角色需注意自身扮演的是「引導」與「協助」的角色，而非直接解決病人問題者。也即，作為職業人士，在介入協助病人解決問題時，需避免直接給病人提供解決問題的「建議」或自認為「可行」的方案。

從社會職業人的角度而言，臨床佛教宗教師向病人提供的任何「建議」或個人認為「可行」的方案，都存在無法預測的風險。風險主要有兩方面。首先，臨床佛教宗教師從個人理解角度出發，為病人提供的解決問題的建議或方案，並不適合病人本身狀況。通常情況下，病人的生活環境、社交人際、宗教信仰（雖然宗教信仰可能相同，但理解和實踐上會有差異）、價值理念與心性狀態，不同於臨床佛教宗教師本人。在這種情況下，臨床佛教宗教師為病人提供的「建議」或「方案」，不僅不適合解決問題，還存在誤導病人正確理解自身問題的風險。其次，臨床佛教宗教師作為社會職業人角色的宗旨，如前所明是「引導」、「協助」病人解決問題，目的是讓病人學會發現問題、解決問題，相信病人自己具備解決問題的能力，排除其精神上依賴或情感上移情臨床佛教宗教師的風險。現實中，無論病人出現「依賴」還是「移情」的狀況，對於臨床佛教宗教師的社會職業人身份而言，都是有害無益，存在不可預期的風險。

---

[1]Mark Cress, *The Complete Corporate Chaplain's Handbook*, US: Lanphier Press, 2006, p.304.
[2]Willard W.C. Ashley, op. cit., pp.119-131; John Vaughn, "'Perform or Provide' — The Chaplain's Guide," *Proclaim & Defend*, June, 2015, https://www.proclaimanddefend.org/2015/06/25/perform-or-providethe-chaplains-guide/

實踐上，臨床佛教宗教師對此兩種傾聽步驟的運用，可以對病人產生兩種特定的功效。首先，讓病人感受到自己的心聲被尊重、理解，完全可以在臨床佛教宗教師面前攤開心扉，傾訴自己的內心「故事」。其次，允許臨床佛教宗教師在適當的時候，對病人傾述的「故事」內容，從語言上進行積極正面的引導、重組或改寫。[①] 靜態深度傾聽與動態有效傾聽，使臨床佛教宗教師在為病人提供心性關懷的過程中，能夠對病人所述的私人信息，進行核心梳理，及時發現病人的問題所在，調控病人交流的故事內容走向，保證在最大程度上對病人的問題做出正確的診斷與恰當的評估。

綜上所述，在臨床實踐上規範執行好正確的診斷與合理的評估步驟，把握好自身的社會職業人角色，迴避風險，構成了臨床佛教宗教師為病人提供心性關懷的實踐規範。這種實踐規範，讓臨床佛教宗教師可以更好地了解病人的實際需求，找出病人的問題所在，從而設定出有效的介入模式，以協助病人解決問題，使心性關懷過程明確化、具體化、直接化。

4.4 介入模式

臨床佛教宗教師對病人的問題做出正確的診斷與合理的評估之後，接著需要明確介入協助病人解決問題的模式。臨床實踐中，介入模式分為「自身介入」與「推薦他人介入」的兩種。「自身介入」是指病人的問題在臨床佛教宗教師的職業能力範圍內可以得到解決，不需要把病人推薦給其他宗教師或職業人士（比如臨床心理諮詢師或精神分析師）做進一步的諮詢治療。反之，「推薦他人介入」指病人面臨的問題，超出了臨床佛教宗教師自身能力可以解決的範疇。在這種情況下，臨床佛教宗教師需要依據病人的意願，按照推薦程序與單位的政策要求，推薦其他宗教師介入協助病人解決問題。[②]

柯林（Thomas Klink）宗教師曾指出，推薦他人介入，是門實用而有助益的「藝術」，對於進一步協助病人釐清自身問題，找出解決問題的路徑，具有重要的意義。[③] 從北美臨床佛教宗教師的心性關懷職責來說，假如面對的病人

[①]George Fitchett and Andrea L. Canada, "The Role of Religion/Spirituality in Coping with Cancer: Evidence, Assessment, and Intervention," in *Psycho-oncology*, 2nded. by Jimmie C. Holland, New York: Oxford University Press, 2010, pp.440-446; Robert A. Kidd, op. cit., pp.92-105.

[②]"5.2 Maintain sensitivity and professional protocol of the employing institution and/or the certifying organization when receiving or initiating referrals." The Constituent Boards of the Council on Collaboration, op. cit., p.3；Howard Clinebell and Bridget Clare, op. cit., pp.402-405.

[③]Thomas W. Klink, "The Referral: Helping People Focus Their Needs," *Pastoral Psychology*, 13, 9 (December 1962), p.11; Wayne E. Oates, *Protestant Pastoral Counseling*, Philadelphia: Westminster Press, 1974, pp.112–113.

是位基督徒、伊斯蘭教徒、猶太教徒或印度教徒，其自身面臨的問題在宗教信仰與價值理念上，完全不同於臨床佛教宗教師本人。

那麼，在缺乏了解病人的宗教信仰、價值理念的情況下，臨床佛教宗教師需要依據《宗教師倫理準則》、《公共倫理準則》要求，尊重不同的宗教信仰與價值理念，先初步評估病人的實際狀況，然後依據病人的意願，按照推薦程序與就業單位的政策要求，為病人推薦適當的宗教師人選來接手介入協助病人解決問題。假如，病人的問題超出了心性關懷或宗教靈性的範疇，涉及家庭、社會、人際、精神健康等問題，臨床佛教宗教師則需要依據相同原則，在完成初步的診斷與評估之後，為病人推薦其他職業人士（如臨床社工或臨床精神分析師）介入協助其解決問題。[1]

推薦其他臨床宗教師或職業人士介入自己經手的病人問題解決，一方面檢驗了臨床佛教宗教師本人是否尊重、遵守《宗教師倫理準則》、《公共倫理準則》要求，也即是否將病人的利益放在第一位，而不是根據自己的宗教信仰或人生價值理念偏好，來決定病人的利益。另一方面，也檢驗了臨床佛教宗教師本人在行業內，同其他臨床宗教師與職業人士的友誼關係。

依據《公共倫理準則》第 4.5 條文規定，臨床佛教宗教師必須為病人的最大利益著想，當自身職業能力無法為病人提供關懷，或病人的宗教信仰與自己的信仰存在衝突時，必須尋求其他臨床宗教師的職業「建議」，或在適當的時候推薦病人給其他職業人士，接受恰當的關懷。[2]這一原則在《宗教師倫理準則》第 130.43 與 130.54 條文規定中的表現如下：

> 130.43 在最有益於關懷尋求者利益的情況下，會員【在自己無法處理關懷尋求者問題的時候】必須做推薦或尋求督導的指導；必須保持同其他跨職業人士的友誼，以便促進「推薦」或「指導」的獲得。
> 130.54 會員必須建立保持同其他職業人士友誼，促進夥伴和跨職業協作關係。[3]

從病人（關懷尋求者）的利益著想出發，保持同其他職業人士的友誼，以促進跨職業合作，這在作為社會職業人角色的北美臨床佛教宗教師實踐中具有

---

[1] Norma Gutierrez, op. cit., pp.407-420; JJ. Knechtel, "To 'Perform or Provide': Military Chaplains from BYU," *The Daily Universe*, January 2013, assessed on February 14, 2022, available at https://universe.byu.edu/2013/01/29/to-perform-or-provide-military-chaplains-from-byu/; John Vaughn, "'Perform or Provide'—The Chaplain's Guide," *Proclaim & Defend*, June 2015; Don Wagner, "Muslim Chaplain Lives to 'Perform or Provide,'" *U.S. Army*, August 2017, assessed on February 14, 2022, available at https://www.army.mil/article/191804/muslim_chaplain_lives_to_perform_or_provide

[2] "4.5 Seek advice and counsel of other professionals whenever it is in the best interest of those being served and make referrals when appropriate." The Constituent Boards of the Council on Collaboration, op. cit., p.3.

[3] Association of Professional Chaplains, op. cit., pp.3-4.

積極的現實意義。阿瑟雷（Willard Ashley）宗教師曾經在〈諮詢與介入〉（"Counseling and Intervention"）一文中指出：「牧靈關懷即是重要的友誼關係……當一個人需要更多的服務，而我們自己無法做到的時候，在了解對方需求之後，應如橋梁般鏈接起能夠為其特殊困難提供更好解決智慧的其他職業人士……我們的第一目的永遠是：無傷害；唯一事項議程是：有助益。」[1]

臨床實踐中，推薦他人介入模式的存在，有兩方面的利益。首先，如上所明，它保證了病人的權益最大化，使病人能夠在其他宗教師或職業人士處得到更好的服務。特別是當病人面臨的問題超出了臨床心性關懷的範疇，涉及到其他領域——譬如，精神健康領域，病人出現精神狀況不穩定的幻覺幻聽或多重人格症狀時，臨床佛教宗教師在力所不及的情況下，需依據《公共倫理準則》第 4.5 條文規定，在適當的時候把病人推薦給其他職業人士治療。「適當的時候」，是指病人同意了接受臨床佛教宗教師推薦的其他職業人士的關懷的時候。這個時候，臨床佛教宗教師可依據病人的自身實際狀況以及就業單位對「推薦」的政策要求，聯繫相關職業人士來協助病人解決問題。

一般而言，在把病人推薦給下一位職業人士做進一步關懷時，很可能需要向對方提供病人曾交流的私人信息。在這種情況下，無論是從法律規定層面，還是從宗教師職業倫理準則要求，臨床佛教宗教師都必須小心謹慎，事先徵得病人同意，然後再做推薦，並做到僅向下一位職業人士提供「足夠的信息」。[2]這裏，「足夠的信息」，依據《公共倫理準則》第 4.10 的條文規定，是指在尊重病人私人隱私的前提下，臨床佛教宗教師點到為止，只向另一位職業人士交換其自身職業範圍內所需要知道的信息，不涉及其他。[3]

4.5 臨床佛教宗教師的自身權利保護

臨床佛教宗教師在全心全意為病人服務的同時，自身權利的保護也受到法律法規的重視。這主要包括臨床佛教宗教師個人的宗教信仰自由權利，以及自身的合法利益。

《宗教師倫理準則》、《公共倫理準則》強調病人的利益至上，與此同時，依據《憲法》第一修正案精神，臨床佛教宗教師作為公民，也享有擁護個人宗

---

[1]"Pastoral care that it is a radical relationship .... Those times when a person needs more, we can be the bridge to help persons embrace their need for a professional who can offer more insights into their particular challenges than we are able to provide .... Our first goal is always, do no harm. Our only agenda is to be of help." Willard W.C. Ashley, op. cit., pp.124-125.

[2]Howard Clinebell, op. cit., pp.404-405.

[3]The Constituent Boards of the Council on Collaboration, op. cit., p.3.

教信仰自由的權利。如果臨床佛教宗教師本人的佛教信仰虔誠，無法在為其他宗教信仰的病人提供關懷時做到「心無掛礙」（如為基督徒病人祈禱、祝福或提供緊急施洗儀式），則要誠實面對自己的良知，在適當的時候把關懷對象推薦給其他適合的宗教師。在《憲法》第一修正案保障所有公民有宗教信仰自由的前提下，臨床佛教宗教師不必違背良知，做與自身宗教信仰相衝突的事情。

實踐中，基督教信仰背景下的臨床宗教師常引用《聖經•馬太福音》所載耶穌叮嚀十二門徒外出傳教的一句箴言，「我差你們去，如同羊進入狼群，所以你們要靈巧像蛇，馴良像鴿子。」①耶穌對門徒的教導，對於宗教師的啟示是：當面對複雜而具挑戰的事件或危境時，臨床宗教師在保持一顆無害、馴良心的同時，也要靈巧如蛇，時刻保持內在覺醒，在困難與危境中做出最好的抉擇，保護好自身權利。同理，臨床佛教宗教師以佛法柔軟無害慈悲之心利他，也需要運用智慧，在面對困難與危境時（如感受到處境損害到自己的佛教信仰時），不要因為「慈悲」而違背自己的良知，放棄個人的宗教信仰原則，這是臨床佛教宗教師在社會機構工作時，需要明確設定的權利界限。②

有關設定宗教師權利界限的問題，佩吉、麥肯馬克和阿瑟雷都認為：宗教師所做的一切努力和嘗試，無疑都是為了協助關懷尋求者有效地解決問題。然而，在為關懷尋求者提供服務的同時，明確設定個人權利界限，也是宗教師必須要做到和做好的事情。③明確設定個人權利界限，不僅不會在實踐中削弱臨床佛教宗教師的社會職業人精神，損害病人利益，事實上還直接保障了臨床佛教宗教師不會違背個人良知，放棄個人佛教信仰原則，做自己不想做的事，或承擔不該承擔的責任。此外，好的界限設定還讓臨床佛教宗教師的私人生活更具靈活性，給自己留出私人空間與時間，不至於精疲力竭，影響自己的身心健康，以至自己和關懷尋求者兩相無益。因而，設定出合理的宗教師權利界限具有重要的現實意義。阿瑟雷指出：「臨床宗教師作為關懷供給者，需要極好的界限設定和自我照顧……好的牧靈關懷指在他人有需求時，提供及時的服務。此亦指教導他人有價值的界限設定經驗。」④

---

①"Behold, I send you forth as sheep in the midst of wolves: be ye therefore wise as serpents, and harmless as doves." The Holy Bible, *King James Version*, TX: Brown Books Publishing, 2004, Matthew 10: 16；《恩典教材》《馬太福音》10:16，2022 年 1 月 18 日檢視，網址 https://www.endianjiaohui.com/dangan/1205

②"3.2 Abide by the professional practice and/or teaching standards of the state/province, the community and the institution in which they are employed. If for any reason a Spiritual Care Professional is not free to practice or teach according to conscience, the Spiritual Care Professional shall notify the employer, his or her professional organization and faith group as appropriate." The Constituent Boards of the Council on Collaboration, op. cit., p.3; Willard W.C. Ashley, op. cit., pp.120-129; John Vaughn, "'Perform or Provide'—The Chaplain's Guide," *Proclaim & Defend*, June 2015.

③Naomi Paget & Janet McCormack, op. cit., pp.115-117; Willard W.C. Ashley, op. cit., pp.123-127.

④"Caregivers need boundaries and excellent self-care .... Good pastoral care means being available in times

在臨床佛教宗教師作為社會職業人角色為有需求病人提供心性關懷的實踐規範中，合理的權利界限設定必須符合如下四個方面的基本原則：（1）從業中遵守法律法規及宗教師職業倫理準則，只同病人保持工作上的關係；[1]（2）職業上公平公正、互惠互利，分清自身作為關懷供給者同病人之間各自享有的責任與權益；（3）行為上不使違背個人良知或宗教信仰；（4）時空上具靈活性，保障個人生活不被打擾，得到及時的自我照顧。

就公平公正、互惠互利、不違背個人良知或宗教信仰、保障個人生活不被打擾以及做好自我照顧而言，2018 年柯雷英（Eric Klein）在其發表的〈以佛教路徑保障個人界限〉（"Protecting Your Personal Boundaries the Buddhist Way"）一文中描述了一則瑜伽行者同眼鏡王蛇的寓言故事，具有很好的代表性，現中譯轉述如下：

> 古時，有位那羅延尊者在一村落禪修。他從禪定起，見跟前盤著一巨大眼鏡王蛇。「尊敬的那羅延尊者，請您教我瑜伽行。」眼鏡王蛇祈請道。尊者歡喜地接受了眼鏡王蛇邀請，為它演說「阿恆薩」（ahiṃsā）不傷害、非暴力法。『「阿恆薩」是不傷害、是非暴力，此即瑜伽行。」尊者教導道：「它使生命保持開放、具求知欲以及熱愛覺悟之道。當內心擁有了阿恆薩，你將擁抱生命中生起以及接觸到的任何事物，而不為之所痛所苦。特別是像你這樣的眼鏡王蛇，身體的每個關節都是為了暴力攻擊和放毒而生。因此，修持『阿恆薩』是你心靈覺悟之道的根基。」謝過那羅延尊者，眼鏡王蛇消失在了稠密的灌木叢中。
>
> 從不在一個地方停留超過三天的那羅延尊者，在教導完眼鏡王蛇徒弟之後，便開始了下一輪的覺悟之旅。一年之後，尊者再次回到了之前的村落。「也不知我那眼鏡王蛇徒弟修行進展的如何了？」靠近村落時，尊者作如是想。正在此時，尊者聽到了靠近一顆大樹的背後，傳來了痛苦的呻吟聲。「這是怎麼回事？！」尊者驚呼道。
>
> 「哦，我敬愛的上師」，眼鏡王蛇徒弟透過斷裂的牙縫，口齒不清地說道：「您一定會因為有我這樣的徒弟而感到無比自豪的。我以大精進心修持阿恆薩法。村童們向我丟石頭，我笑臉以迎。村童先是被我的溫柔舉止所震驚，然後便拿起磚頭靠到我跟前。但即便如此，我仍然笑臉以迎。村童用磚頭敲我，打我、踢我、扭我成結，打斷我的牙，砸傷我一只眼。我都沒有反擊咬他們。」「愚徒。」那羅延尊者搖頭道：「我教你不要咬人，但我並沒有教你不可以吐信子發嘶聲保護自己。」[2]

of need, but it also means teaching others the valuable lessons of boundaries." Willard W.C. Ashley, op. cit., pp.124-125.

[1] "1.5 Maintain relationships with clients on a professional basis only." The Constituent Boards of the Council on Collaboration, op. cit., p.2

[2] Eric Klein, "Protecting Personal Boundaries the Buddhist Way," *Elephant Journal*, November 27, 2018, assessed on February 20，2022, available at https://www.elephantjournal.com/2018/11/protecting-your-personal-boundaries-the-buddhist-way/

此則寓言故事從佛法角度，講出了如下職業道理：雖然，臨床佛教宗教師可以無限慈悲、精進利人，分享病人苦難，但是如沒有設定出有效的個人界限，分清自己同病人之間的責任與權限，則容易在精神與體力上，被病人消耗殆盡。就像寓言故事中的眼鏡王蛇一樣，慈悲沒有界限，結果身心受害。

　　從實踐規範的角度而言，設定個人有效界限既是遵守《公共倫理準則》第1.5 條文規定臨床宗教師在工作中「只同關懷尋求者保持工作關係」的要求，同時也是對自身和病人人格尊嚴的尊重。也即，嚴格區別工作與生活的界限，不讓病人佔用或介入自身職業工作外的個人時間與空間。反之亦然，臨床佛教宗教師作為社會職業人角色也要規範自己，不在職業工作範疇之外佔用或介入病人的私人時間與空間。唯如此，臨床佛教宗教師才可能在工作中保持客觀、中立、公正的立場，為病人提供稱職、適當、有效的心性關懷服務。[1]

　　總之，北美臨床佛教宗教師作為社會職業人角色介入協助病人解決問題的模式，以及個人權利界限的有效設定，規範在於認清自身能力，依據《宗教師倫理準則》、《公共倫理準則》要求，為病人提供適當推薦，並在公平公正、互惠互利的原則下，分清自己同病人之間的責任，以及各自所應享有的權益。[2]

[1]The Constituent Boards of the Council on Collaboration, op. cit., 1.5, p.2; Phillip Moffitt, *Emotional Chaos to Clarity: Move from the Chaos of Reactive Mind to the Clarity of the Responsive Mind*, NY: Penguin Group, 2012, p.180-182.
[2]Naomi Paget & Janet McCormack, op. cit., pp.108-109.

第 5 章 佛教心性關懷的臨床需求與供給分析

本章依據我 2020 年至 2021 年在美國北加州 D 市 F 大學醫院駐院 1 年的臨床佛教宗教師工作經歷，闡述佛教宗教師臨床實踐的主要內容，並給予理論分析。本章以實地收集的 n=993 位病人，探訪總次數 tv.=1,188 的第一手數據為基礎，對臨床病人的人口學特點、宗教信仰和地域來源等進行了具體的量化分析，並特別分類解剖了臨床病人對於佛教心性關懷內容的要求，以及臨床佛教宗教師作為「心性關懷供給者」的工作內容與性質。

5.1 數據收集地點、方式與臨床病人特徵描述

北加州 D 市 F 大學醫院位於美國西海岸，我在中國人民大學博士第 2 年初確定北美臨床佛教宗教師的理論與實踐研究論文大綱之後，選擇申請到該醫院從事駐院 1 年的臨床佛教宗教師工作，以完成論文研究所需分析的臨床病人人種族群、宗教信仰、地域來源分佈，以及臨床佛教宗教師作為社會職業人角色的工作性質的數據收集。

D 市 F 大學醫院為美國當地世俗大學建立的醫療機構，所處位置在美國高科技發達的矽谷地區。當地積聚了全美各界精英人士，文化氛圍濃厚，風氣開放，社會機制發達，宗教信仰包容。D 市 F 大學為全美知名大學，新常青藤名校之一，該大學在當地社區發展的商業型醫院，除了為來自全國各地及海外到該院求醫的病人提供醫療服務之外，也為該校醫學院學生、駐院實習醫生提供疾病研究與新藥檢測目的。

結構上，D 市 F 大學醫院作為世俗社會教育機構下屬的商業型醫院，與北美宗教團體（如天主教、新教或猶太教）建立的醫院，在理念上有所不同。前者純粹建立在世俗商業文化與當代醫療科學研究基礎之上，發展自身的臨床醫療服務模式；後者側重從自身宗教信仰傳統，結合當代醫療科學研究，發展臨床醫療服務模式。

2020 年 9 月 4 日至 2021 年 8 月 27 日，我在 D 市 F 大學醫院作為真正參與者展開實地研究期間，該院共有 600 病人床位，另有一附屬兒童醫院（英文縮寫 LPCHS）。該院宗教師部門共有 6 位受聘全職帶薪臨床宗教師職員，3 位牧靈關懷培訓師（其中 1 位候選人），6 位全職帶薪駐院 1 年學員（CPE Resident），4 位兼職進階學員（CPE Fellow），3 位兼職合同工性質每月值班 60-80 小時雇

員（relief chaplain）。在駐院全職、培訓師、學員以及合同兼職的臨床宗教師雇員總數 22 人中，宗教信仰與性別取向，呈現多元的特徵。

宗教信仰方面，宗教師群體由天主教、新教、伊斯蘭教、佛教、猶太教、和合宗教，以及無明確宗教信仰的個體靈修者等組成。性取向方面，除了傳統的男性與女性外，還有公開的男女同性戀（n=7；31.8%）、多元性取向（n=2；9.1%）以及介於男性同女性識別之間的酷兒（n=1；4.55%）。由於該院宗教師部門人員的構成、宗教信仰和性取向，具多元特徵，因此氛圍開放而包容。

就我的實地工作觀察而言，該宗教師團隊在臨床牧靈關懷教育與職業行為上，以實際應用性為宗旨，依據「病人為中心」原則，鼓勵臨床宗教師跨越個人宗教信仰邊界，以純粹職業人角色為不同宗教信仰的病人，提供跨宗教、多元宗教混合、甚至不帶宗教信仰特徵的感受與情緒支持。這一點與我後期在北加 K 市天主教 S 醫療中心，從事全職臨床佛教宗教師的工作體驗不同。K 市 S 醫療中心的宗教師團隊嚴格遵守《新約聖經•福音書》教義，設立臨床牧靈關懷教育宗旨與職業行為規範，為有需求的駐院病人提供在地、及時、適當、有效的牧靈關懷，以及感受與情緒支持。

我在 D 市 F 大學醫院留影　　　　附屬兒童醫院禱告室內景

D 市 F 大學醫院有門診、候診、急診、重症與精神疾病等 34 個科室，服務內容涵括了普通醫療、疾病檢測、耳鼻喉科、矯形外科、泌尿外科、腫瘤科、骨科、癌症物療、骨髓移植、血液化驗、微創融合、腫瘤內科、神經內科、精神疾病、肝臟腎臟移植、心臟移植以及神經內外科等。具體如下所明：

科室	類型	服務	科室	類型	服務
B1	門診	檢測	J2	重症	心臟和胸部外科手術，心/肺移植

B2	候診	普通醫療	J4	重症急診	心臟病、心律失常、肺動脈高壓
B3	急診	矯形外科/骨外科	J5	急診	心臟外科手術、心臟移植
G1/G2S	門診	檢測	J6	急診	胸部外科手術、心肺移植
C2	急診	癌症物療	J7	急診	心臟病、肺動脈高壓
C3	急診	物療	K4	重症	普通外科、創傷、外科移植及其他
EGR	急診	骨髓移植血液化驗	K5	急診	肝膽、微創融合
ED/CDU	/	急診部	K6	急診	結直腸、泌尿外科、腫瘤科
E1	急診	骨髓移植	K7	急診	骨科創傷、普通外科手術
E2	重症	癌症物療	L4	重症	神經科、物療、肝病及其他
E3	急診	腫瘤內科、血液化驗、末期關懷	L5	急診	神經內科、中風
FGR	急診	血液化驗、腫瘤內科	L6	急診	神經外科
F3	急診	癌症物療	L7	急診	骨科
G1	急診	婦科腫瘤、胃腸腫瘤	M4	急診	神經外科
H1	急診	耳鼻喉、植塑、乳腺腫瘤、疼痛	M5	急診	肝病、腎臟病、肝臟腎臟移植
G2P	精神	精神疾病	M6	急診	晚期肺病物療
H2	精神	精神疾病	M7	急診	心臟病、肺動脈高壓

在所列醫院各科室中，我駐院 1 年期間主要負責了 F3、K7、L5 以及 M4 科室的相關工作；另外，每月至少 6 次在周末、節假日與夜間在全院輪班，所有科室病人的心性關懷均由我值班負責。由此我在駐院期間的臨床病人探訪數據來源，主要以 F3（n=176; tv.=216）、K7（n=200; tv.=227）、L5（n=200; tv.=238）及 M4（n=132; tv.=151）四個科室為主，同時也旁涉了其他科室病人。

此外，D 市 F 大學醫院附屬兒童醫院（LPCHS），雖然有獨立的宗教師部門，平時不需要 F 大學醫院宗教師部門負責照護病人，但是由於該兒童醫院宗教師部門職員在周末、節假日與夜間不值班，由 F 大學醫院的臨床宗教師負責相關工作，因此我的研究也搜集了一部分兒童醫院的病人探訪數據。

我在駐院 1 年時間裏，對不同科室病人探訪的數據收集，以四期的方式進行，分別為：第 1 期，2020 年 9 月 17 日至 2020 年 11 月 26 日；第 2 期，2020 年 11 月 30 日至 2021 年 2 月 24 日；第 3 期，2021 年 3 月 1 日至 2021 年 5 月 30 日；第 4 期，2021 年 6 月 1 日至 2021 年 8 月 26 日。分四期收集病人探訪數據的目的，旨在按一年四季的方式便於記錄。

臨床病人探訪數據的收集方式包括了如下内容範疇：日期、科室、姓名縮寫、性別、年齡、族裔背景、語言、宗教信仰、住院天數、接受臨床佛教宗教師關懷内容、在場家屬以及探訪次數（見後附件 II：臨床心性關懷數據收集樣本）。就整體數據的收集方式而言，以平時值班、周末節假日和夜間輪班的病人探訪為主。

　　我在 D 市 F 大學醫院駐院 1 年的各個科室病人探訪總人數 n=993，探訪總次數 tv.=1,188。探訪次數最低值為 1 次，中間值為 3 次，最高值為 6 次，分別如下：探訪次數 1 次的病人 n=885，佔比 89.12%；次數 2 次的病人 n=81，佔比 8.16%；次數 3 次的病人 n=11，佔比 1.1%；次數 4 次的病人 n=7，佔比 0.7%；次數 5 次的病人 n=2，佔比 0.2%；次數 6 次的病人 n=1，佔比 0.1%；次數未知（統計缺失值）的病人 n=6，佔比 0.6%。在病人總數 n=993，探訪總次數 tv.=1,188 的病人探訪中，平時值班病人探訪佔比 68%（n=675；tv.=808），輪班期間的病人探訪佔比 32%（n=318；tv.=380）。各科室病人的探訪人數與次數分佈狀況，具體如下所明：

部門	探訪人數	百分比	部門	探訪人數	百分比
B1	4	0.4%	J4	8	0.8%
B2	9	0.9%	J5	9	0.9%
B3	28	2.81%	J6	8	0.8%
C1	2	0.2%	J7	2	0.2%
C2	6	0.6%	K4	14	1.4%
C3	5	0.5%	K5	5	0.5%
E1	3	0.3%	K6	3	0.3%
E2	24	2.4%	K7	200	20.14%
E3	16	1.6%	L4	41	4.11%
ED	11	1.1%	L5	200	20.14%
EGR	8	0.8%	L6	9	0.9%
F3	176	17.64%	L7	2	0.2%
FGR	6	0.6%	M4	133	13.33%
G1	3	0.3%	M5	9	0.9%
G2P	5	0.5%	M6	6	0.6%
H1	3	0.3%	M7	2	0.2%
H2	7	0.7%	LPCHS	13	1.3%
J2	9	0.9%	未知	4	0.4%
				993	100%

部門	探訪次數	百分比	部門	探訪次數	百分比
B1	4	0.34%	J4	8	0.68%
B2	9	0.76%	J5	9	0.76%
B3	31	2.6%	J6	8	0.68%

C1	2	0.17%	J7	2	0.17%
C2	8	0.68%	K4	16	1.35%
C3	7	0.59%	K5	5	0.42%
E1	3	0.25%	K6	4	0.34%
E2	28	2.36%	K7	227	19.11%
E3	22	1.85%	L4	52	4.38%
ED	14	1.18%	L5	238	20.03%
EGR	9	0.76%	L6	10	0.84%
F3	216	18.18%	L7	2	0.17%
FGR	8	0.68%	M4	151	12.71%
G1	3	0.25%	M5	9	0.76%
G2P	6	0.51%	M6	7	0.59%
H1	3	0.25%	M7	3	0.25%
H2	7	0.59%	LPCHS	14	1.18%
J2	9	0.76%	未知	34	2.86%
				1,188	100%

就收集到的數據而言，男女比率分別為男 n=521，佔比 53% ；女 n=468，佔比 47%；其中 1 位病人為變性人（男變女），佔比 0.1%；3 位病人為性取向不定，佔比 0.3%。年齡分佈上，從 1 歲以下至 100 歲以上不等。探訪病人群體的主要年齡分佈介於 21-90 歲之間（n=902；90.83%）。其中三個年齡階段的病人群體佔據了病人探訪的主要分佈狀況，分別是：51-60 歲，61-70 歲與 71-80 歲。病人住院時間，以短期 1-10 天為主，佔比 68.7%（n=682）；中長期 11-30 天病人居其次，佔比 25.78%（n=256），30 天以上的長期住院病人佔比 5.23%（n=52）。具體如下表所明：

年齡（歲）	人數	百分比	住院天數	人數	百分比
1 以下	6	0.6%	1~3	315	31.72%
2~5	2	0.2%	4~6	203	20.44%
6~10	1	0.1%	7-10	164	16.52%
11~20	12	1.21%	11-20	188	18.93%
21~30	57	5.74%	21-30	68	6.85%
31~40	82	8.26%	31-50	33	3.32%
41~50	103	10.37%	51-100	15	1.51%
51~60	185	18.63%	100 以上	4	0.4%
61~70	213	21.45%	未知	3	0.3%
71~80	174	17.52%			
81~90	88	8.86%			
91~100	24	2.42%			

100 以上	1	0.1%			
未知	45	4.53%			
	993	100%		993	100%

　　從上表格可見 31-90 歲的病人總數 n=845，佔比 85%，形成了我在 D 市 F 大學醫院駐院 1 年提供臨床心性關懷病人探訪的絕對多數。其中，51-80 歲的中老年病人構成了住院病人主體，佔總數的 57.6%。而已有收集到的數據亦表明，住院病人的群體數量，主要由短期 1-10 天組成，其中住院 1-3 天與 4-6 天的病人，佔了總體病人探訪（n=993）的 52.16%（n=518）。

　　就我駐院 1 年的病人探訪，總時長為 36,394 分鐘，最短為 6 分鐘，最長 >100 分鐘，以 10-100 分鐘的病人探訪為主體，平均值為 30 分鐘。此外，在我作為臨床佛教宗教師角色，為病人提供的心性關懷過程中，也為 571 位到訪的病人家屬，提供了相應的關懷。其中 1 位家屬的數量佔了到訪家屬總數的 48.5%（n=277），其他為 2-9 位的家屬同時到訪，具體如下表所明：

單次探訪時長（分鐘）	探訪次數	百分比	到訪家屬數量	探訪次數	百分比
6~10	23	1.94%	1	277	23.32%
10~15	250	21.11%	2	62	5.22%
16~20	183	15.40%	3	26	2.19%
21~25	179	15.07%	4	6	0.51%
26~30	177	14.90%	5	2	0.17%
31~40	131	11.03%	6	7	0.59%
41~50	126	10.61%	7	1	0.08%
51~100	96	8.08%	9	1	0.08%
>100	13	1.09%	未知	806	67.85%
未知	10	10.84%			
總次數	1,188	100%	總次數	1,188	100%
總時長	36,394 分鐘		到訪親友總數	571	

　　依據以上表格所明，統計缺失值「未知」顯示我駐院 1 年探訪次數 tv.=806，佔比 67.85% 的到訪家屬人數不明或無家屬到訪，主要由以下三方面原因造成：（1）部分病人單身無家屬；（2）部分病人有家屬，但出於某種原因（如家庭關係緊張、不和等），無人到訪；（3）新冠疫情肆虐期間，醫院公布禁止家屬探訪規定。此中，醫院公布的禁止家屬探訪規定，構成了多數病人無家屬到訪的重要原因。

　　2020 年 9 月 4 日至 2021 年 8 月 27 日，我在 D 市 F 大學醫院駐院期間，正值北美新冠疫情肆虐，在疫情可控的情況下，醫院允許一次一位病人家屬入院

探訪病人，每次不超過 30 分鐘，每天不超過 3 小時。該醫院在 2020 年 12 月 9 日至 2021 年 3 月 22 日，由於新冠疫情導致的病人死亡率迅速飆升，院方緊急公布了禁止一切病人家屬入院探訪的規定。就新冠疫情最嚴重的 2 月至 3 月間，擁有 600 個床位的 D 市 F 大學醫院單月病人死亡率超過 31%（n=187）。對此，該院自 12 月初至 3 月底禁止了病人家屬入院探訪，僅開放給臨終病人，每次 2 位家屬一次性 30 分鐘的最後告別。不過這在當地疫情最嚴重時期，連臨終病人家屬探訪，也基本上被禁止，改由駐院醫療團隊的護士或臨床宗教師，以網絡視頻的方式聯繫家屬，讓家屬與臨終病人通過視頻作最後的告別。

如上，就我作為駐院 1 年臨床佛教宗教師收集到的探訪數據而言，特徵以中老年病人群體為主。臨床上這一病人群體的特徵，除了重症加護病人的意識可能模糊之外，其他病人的心智清醒、思惟敏銳。就我的臨床心性關懷工作體驗而言，這一病人群體多思考疾病與人生、宗教信仰與疾病療癒的意義，並且構成了臨床佛教宗教師提供心性關懷的主要群體。由於病人以中老年群體為特徵，社會閱歷相對豐富、人生價值觀成熟。臨床佛教宗教師在為該群體病人提供心性關懷服務的同時，也增長了對佛法與人生意義的體悟。

又臨床病人整體的住院時間短（1-10 天），其中以 1 次性的病人探訪為主，說明了臨床佛教宗教師在醫療作業環境中，為病人提供的心性關懷，必須快速扼要，在最短時間內正確診斷、評估病人狀況，有效介入協助病人解決問題。

5.2 臨床病人的人種族群、宗教信仰與地域來源分佈特徵

我駐院 1 年臨床病人探訪中接觸到的病人分別有白人、黑人、印地安人與亞洲人，族群特徵主要來自北美洲、歐洲、非洲、中東、南美洲以及亞洲的第一代與第二代移民。這裏「第二代移民」指第一代移民在美國本地出生的子女。其中，就移民而言，第一代移民為第二代移民（n=105）的 2.5 倍，n=252，佔比探訪病人總數 n=993 的 25.38%。第一代移民主要分別來自亞洲（n=139；55.16%）、南美洲（n=98；38.89%）、中東（n=8；3.17%）與歐洲（n=7；2.78%）。

此中，亞洲第一代移民分別來自中國大陸香港與臺灣（n=69；49.64%。大陸 n=55；39.57%。香港 n=3；2.16%。臺灣 n=11；7.91%）、泰國、緬甸、老撾、新加坡、日本、韓國、印度、菲律賓以及越南。第二代移民以拉丁美裔（n=39；37.14%）、非裔（n=20；19.04%）與華裔（n=14；13.33%）為主體。具體如下所明：

族裔分佈	人數	百分比	第一代移民地域來源	人數	百分比
白人	631	63.54%	歐洲	7	2.78%
印地安人	2	0.2%	中東	8	3.17%
第一代移民	252	25.38%	南美洲	98	38.89%
第二代移民	105	10.58%	亞洲	139	55.16%
未知	3	0.3%			
總數	993	100%	合計	252	100%

亞洲移民地域來源	人數	百分比	第二代移民族裔分佈	人數	百分比
泰國	1	0.72%	越南裔	2	1.9%
緬甸	1	0.72%	韓裔	2	1.9%
老撾	1	0.72%	印度裔	3	2.86%
新加坡	2	1.44%	中東裔	6	5.71%
中國香港與臺灣	69	49.64%	猶太裔	6	5.71%
日本	3	2.16%	菲律賓裔	6	5.71%
韓國	7	5.04%	日裔	7	6.7%
菲律賓	8	5.76%	華裔	14	13.33%
印度	18	12.95%	非裔	20	19.04%
越南	29	20.86%	拉丁美裔	39	37.14%
合計	139	100%	合計	105	100%

從上可見，臨床病人的族裔與地域來源分佈多元。其中，將猶太裔與中東裔分開，在於探訪的猶太裔病人源自歐洲德國與前蘇聯，而非出自中東地區的以色列。臨床病人宗教信仰分佈方面有：天主教、基督新教、東正教、佛教、伊斯蘭教、猶太教、印度教、錫克教、多元宗教以及其他宗教等。病人所用語言，涉及 14 語種，以英語為主體（n=791；79.66%）；南美洲移民使用的西班牙語居其次（n=92；9.26%）；漢語（普通話與粵語）排第三（n=67；6.75%）。① 具體如下所明：

宗教信仰	人數	百分比	語言	人數	百分比
天主教	305	30.72%	烏克蘭語	1	0.1%
基督新教	254	25.58%	俄語	1	0.1%
東正教	2	0.2%	印地語	2	0.2%
摩門教	1	0.1%	寮語	1	0.1%
耶和華見證人	1	0.1%	意大利語	1	0.1%

①臨床佛教宗教師與病人的多語種交流，為 F 大學醫院提供。該院擁有多語種專業口譯團隊，為來自世界各地不會講英文的病人，通過電話或本人到場面對面的方式提供每周 7 天，每天 24 小時的口譯服務。

希臘基督正教	1	0.1%	旁遮普語	6	0.6%
亞美尼亞使徒教	2	0.2%	日語	2	0.2%
無宗教意向	222	22.36%	漢語	67	6.75%
佛教	53	5.33%	法語	2	0.2%
印度教	14	1.41%	緬語	1	0.1%
猶太教	13	1.31%	英語	791	79.66%
錫克教	5	0.5%	西班牙語	92	9.26%
伊斯蘭教	7	0.71%	越語	18	1.81%
多元宗教	4	0.4%	英漢雙語	1	0.1%
其他宗教	32	3.22%	未知	7	0.61%
無宗教	48	4.84%			
未知	29	2.92%			
	993	100%		993	100%

據上，臨床病人的宗教分佈狀況，以不同基督教派信仰者為主（n=566；57%），其中無宗教意向者，佔據了探訪病人總數的重要比例（n=222；22.36%）。就基督新教信仰者（n=254；25.58%）而言，主要來自如下教派：福音派、長老會、南北浸信會、路德宗、末世聖徒教會、貴格會、基督復臨安息日會、聖公會、後期聖徒教會、循道宗、衛理公會以及聯合基督教會。此處，「無宗教意向」與「無宗教信仰」，在性質上顯著不同。若以西方定義「宗教」為信奉「神」上帝而言，無宗教信仰的病人為無神論者。此類病人同臨床佛教宗教師的交流，僅限於住院期間的內心感受與情緒支持，協調病人與家屬關係等，不涉及宗教信仰方面的心性（或靈性）關懷內容。

無宗教意向的病人，在我的探訪中，依據「靈性評估與干預模式」（Spiritual Assessment and Intervention Model）對病人進行的靈性評估與干預（提供心性關懷服務）進程，[1] 該類病人的自我陳述表示為有宗教信仰，但無參與教會組織意向，具體有如下四個方面的特徵：（1）有基督教信仰，但不參與教會活動；（2）同之前所屬教會神父或牧師保持友誼，個人的宗教信仰表現在每天居家讀《聖經》，同家人朋友集會禱告等；（3）對上帝有虔誠的信仰，認為上帝遍一切處，不局限於教會與神職人員；（4）相信每個個體由上帝創造而來，日常生活中受到上帝眷顧，具有獨特性，可以同上帝直接交通，不需要通過教會或神職人員作為中間媒介。

---

[1]「靈性評估與干預模式」為臨床宗教師的實踐，提供了概念性框架，藉以評估病人未獲得關注或滿足的靈性（或心性）需求問題，依據病人的實際身、心、社、靈狀況，制定有效的關懷計劃。關懷計劃主要強調了如何以最及時、適當、有效方式整合神學（或佛學）、社會人際關係學、應用倫理學與人類行為學，對病人的靈性（或心性），從多面向需求，提供在地及時、適當有效的關懷。詳細參見 Reverend Michele Shields, Ellison Kestenbaum & Laura B. Dunn, "Spiritual AIM and the work of the chaplain: A model for assessing spiritual needs and outcomes in relationship," *Palliative and Supportive Care*, 2015, 13, pp.75-89.

多元宗教信仰的病人，主要指信仰與練習兩種或以上宗教。此類病人在很大程度上與所述「無宗教意向」第 4 點特徵接近，多基督教信仰背景，同時接受、練習其他兩至三種宗教（如佛教、伊斯蘭教和猶太教等），認為不同的宗教信仰，只是全能「上帝」的不同顯現。宗教信仰「未知」統計缺失值，為具多元宗教、文化和信仰混合特徵（包括無宗教混合個體靈修者）。其他宗教信仰的病人包括了印第安人本土宗教信仰、中國民間宗教信仰（如粵東民俗佛道教與關帝信仰）、心靈法門以及日本神道教等。

5.3 臨床佛教宗教師的心性關懷內容與跨職業團隊協作分析

臨床佛教宗教師的工作，主要可以分為三個部分，一是對病人進行心性關懷，二是參與跨職業團隊的協作，三是提升駐院醫護人員的心性品質。

就我駐院 1 年時間裏的病人探訪總數 n=993，探訪總次數 tv.=1,188，涉及臨床佛教宗教師為有需求病人提供的服務內容有禱告、靈性關懷、情緒與感受支持、推薦其他宗教師介入關懷、《生前遺囑》文件填寫指導、心性關懷、死亡文件處理以及大體放行等。具體如下表所明：

服務內容	次數	百分比
禱告	237	19.95%
靈性關懷	306	25.76%
情緒與感受支持	469	39.48%
依據病人意願推薦其他宗教師介入關懷	38	3.2%
《生前遺囑》文件填寫指導	11	0.93%
拒絕關懷	4	0.34%
心性關懷	51	4.29%
死亡文件處理	52	4.38%
大體放行	14	1.17%
未知	6	0.5%
	1,188	100%

從上可見，禱告、靈性關懷、情緒與感受支持，構成了臨床佛教宗教師日常工作中為病人提供適當、有效「心性關懷」的主要內容（tv.=1,012；85.19%）。此中，禱告與靈性關懷涉及天主教、基督新教、摩門教、伊斯蘭教、印度教、個體靈修以及無宗教意向等臨床病人。禱告內容涉及了疾病療癒、精神康復、臨終關懷和悲傷處理；靈性關懷內容——在天主教與基督新教徒病人佔主流的環境下——主要涉及了同病人閱讀、探討《聖經》。譬如，《詩篇》、

《路得記》、《腓立比書》、《馬太福音》、《以賽亞書》、《耶利米書》、《傳道書》、《雅各書》等篇章的閱讀、探討。不同於禱告與靈性關懷，情緒與感受支持（n=457；tv.=469）涉及的對象廣泛，基本涵蓋了各主要宗教信仰傳統、個體靈修、多元宗教、無宗教信仰以及無宗教意向的臨床病人，具體如下圖所明：

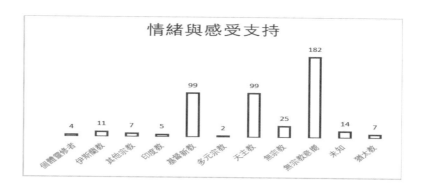

如圖所示，天主教、基督新教和無宗教意向者在構成臨床佛教宗教師提供「心性」關懷內容的同時，也組成了臨床佛教宗教師提供情緒與感受支持的主要病人群體（n=380；83.15%）。這一病人群體接受臨床佛教宗教師的探訪關懷，僅向臨床佛教宗教師分享其住院期間的內心感受與情緒變化，尋求臨床佛教宗教師的感受與情緒支持，並不希望（有些甚至表現為不樂意）分享其個人的宗教信仰與練習方法，主要原因是認識到臨床佛教宗教師為異教徒。此類病人有堅定的基督教信仰，明確的邊界意識，只接受特定的教會神職人員或教友提供的禱告與靈性關懷。這一類病人也是我在 D 市 F 大學醫院駐院 1 年的日常工作中，依據病人意願推薦駐院天主教與基督新教宗教師介入關懷的主要群體。

依據以上表格數據所示，臨床佛教宗教師為佛教徒病人提供的「心性關懷」次數 tv.=51，佔比 4.29%。依據臨床病人宗教信仰分佈狀況而言，佛教徒病人總數 n=53。其中，越南佛教徒與漢傳佛教徒佔據了探訪佛教徒病人的主體（n=39；73.58%），其次為日本佛教徒（n=6；11.32%）與南傳佛教徒（n=2；3.77%）。具體如下所明：

佛教傳統	人數	百分比
越南佛教	20	37.73%
漢傳佛教	19	35.85%
南傳佛教	2	3.77%
日本佛教	6	11.32%
韓國佛教	1	1.9%
其他	5	9.43%

總數	53	100%

　　據上，南傳佛教徒病人分別來自泰國與老撾，日本佛教徒病人主要由真言宗與日蓮宗的創價學會信徒構成，「其他」佛教徒病人，由天主教、基督新教、穆斯林以及亞美尼亞使徒教混合的佛教禪修者而來。臨床佛教宗教師為佛教徒病人提供的「心性關懷」涵括了如下內容：正念禪修指導、佛教教理教義諮詢，如四諦、八正道、般若中觀及業力等；佛教儀式儀軌，如灑淨儀式《大悲咒》、《心經》、疾病療癒《藥師咒》、臨終關懷《往生咒》、消業解怨《懺悔文》以及巴利文《三皈五戒》唱誦等。總體而言，臨床佛教徒病人群體，具備宗派傳統與地域來源分佈多元特徵。

　　就我駐院 1 年的病人探訪數量來看，佛教徒病人並不構成臨床佛教宗教師日常工作中提供關懷的重要比率。如以嚴格意義上的市場需求與供給法則論之，則目前北美醫療系統沒有設立臨床佛教宗教師工作崗位的必要。具體的病人宗教信仰分佈狀況數據也表明，臨床佛教宗教師在日常工作中關懷的主要對象為天主教與基督新教徒病人（合計 n=559；56.3%）。這同時也決定了臨床佛教宗教師日常工作中，提供的「心性」關懷內容，建立在基督教信仰文化的基礎之上完成。

　　臨床佛教宗教師作為駐院醫療團隊成員之一，須遵守所屬醫療機構公布的政策，以及宗教師職業倫理準則，具備如下四個方面的工作職能：（1）參加跨職業協作會議；（2）同各單位部門與社區機構合作，組織宗教文化活動，以提升單位宗教文化，建立社區友好關係；（3）為醫護人員提供心性關懷與情緒感受支持；（4）搭建病人家屬與醫護人員的良好溝通橋樑，對有需求的病人家屬，提供及時的心性關懷。

　　就此而言，我在 D 市 F 大學醫院駐院 1 年的工作，分別在負責的 K7、L5、F3 以及 M4 科室，定期參與跨職業團隊協作會議，並在周末、節假日和夜間輪班期間，為不同科室的醫護人員提供心性關懷服務——譬如，提供佛教禪修諮詢，以及組織茶與心道活動等。具體如下所明：

協作類型	次數	百分比
跨職業團隊協作會議	86	44.33%
茶與心道	8	4.12%
其他	99	51.03%
未知	1	0.5%
總數	194	100%

協作時長（分鐘）	頻數	百分比

6~10	5	2.58%
10~15	14	7.22%
16~20	23	11.86%
21~25	16	8.25%
26~30	83	42.78%
31~40	20	10.31%
41~50	5	2.58%
50~100	14	7.22%
>100	14	7.22%
總時長	**7,720 分鐘**	

　　跨職業團隊協作會議，包括了同主治醫生、理療師、臨床社工、病人案件管理員、護士、藥劑師等人員，分析科室病人的病情報告與治療狀況，對可能潛在的問題進行及時處理。潛在問題如：（1）病人疾病的治療進展是否順利、有效，有哪些遺留的症狀需要特別注意、及時對治？（2）病人駐院接受治療期間體現出的焦慮、不安、恐懼等情緒與感受，是否得到了有效的疏導與關懷？（3）病人的醫保是否到位，是否需要社工協助申請聯邦醫療費用補助或減免？（4）病人是否出院或需轉院，案件管理員是否做好了各項出院或轉院文件交接工作？（5）病情嚴重的病人，是否有直系親屬可以在關鍵時刻為病人作重要的醫療決定？（6）病人是否有宗教信仰需求（如祝福與禱告等），是否有需要注意的宗教禁忌（如耶和華見證人拒絕輸血），是否需要宗教師介入，作進一步的宗教諮詢與心性評估等。這類會議一般時長在 30 分鐘，體現團隊協作的主要特徵，在於對各個科室當日住院病人的病情、疾病療癒狀況，以及心性需求，從多職業視角進行歸納、總結，以求從全方位正確分析病人的治療程序與服務需求。

　　此外，跨職業團隊協作會議的另一個重點，體現在任何重大醫療決定的作出，都需要病人的家屬與會，其中醫患關係的緊張狀況，時有發生。這在我負責的 F3、K7、L5 以及 M4，都曾出現過。譬如，我負責的 M4 科室，曾有病人家屬不能接受年輕丈夫腦死亡事實，在會議中譴責護士沒有盡責照護，主治醫生用藥不當造成意外。家屬情緒激動，會議交談過程中使用威脅性語言，致使院方出動保安到場，以確保相關人員的安全。當家屬看到保安進入會議室時，情緒進一步失控，撥打 911 報警，一時氣氛凝固，劍拔弩張。我全程在場，與社工一同協調、傾聽家屬意見與需求。家屬冷靜下來後，要求臨床佛教宗教師為病人禱告。家屬告知病人為基督徒，臨床佛教宗教師以自發式禱告上帝現前仁慈、愛與憐憫，關懷病人，引導家屬同醫護人員和解。最後，在臨床佛教宗教師的禱告與社工的陪同下，家屬內心較為平靜地走出會議室，離開醫院，避

免了進一步的醫患衝突。

臨床佛教宗教師提供的「茶與心道」（tv.=8）活動中，每次時長為 180 分鐘（前期準備 60 分鐘，活動本身 120 分鐘），旨在為醫護人員提供減壓、情緒與感受釋放、內在心性品質提升。特別是在新冠疫情肆虐期間，面對醫院病人高死亡率現象、對病毒本身的恐懼、超乎平常的輪班工作時長、來自病人家屬與醫療系統的雙向壓力，使得醫護人員的內心焦慮、恐懼、不安，在短時間內迅速飆升。[①] 臨床佛教宗教師提供的「茶與心道」活動，在提升醫護人員心性品質，減少由新冠疫情引起的焦慮、抑鬱、過度勞累、精神耗盡，以及在日常臨床醫療工作中發展可持續的抗壓能力，起到有效作用，成為了駐院期間介入服務的重要事項之一。

表格中「其他」一項，次數 tv.=99，佔比協作類型 51.03%，顯示了對於臨床佛教宗教師駐院 1 年期間的日常工作中的跨職業協作的重要性，主要有以下六個方面的內容：（1）科室搬遷，提供佛教灑淨儀式，並為科室醫護人員與病人祈福；（2）提供醫護人員有關佛教禪修諮詢、工作加持、祝福以及禱告儀式；（3）協助護士長、社工和病人家屬溝通、交流；（4）電話聯繫有需求病人家屬，提供適當的心性關懷服務；（5）協同社工電話協調當地殯儀館接收感染新冠疫情死亡病人大體運輸程序與注意事項；（6）負責同醫院各部門與社區團體聯繫，組織重要的宗教文化節日慶祝活動。就最後一點而言，我駐院 1 年期間與基督教臨床宗教師同事安德魯（Rev. Paul Andrew）一起負責了 D 市 F 大學醫院全年重要的宗教文化節日慶祝活動。

駐院 1 年期間，我和同事安德魯宗教師經手安排、主持的慶祝活動有印度教排燈節、非裔文化寬扎節、宗教師部門靈性周、耶穌受難日、猶太教光明節、聖誕節以及中國農曆春節聯歡會等（見後附件 III：宗教文化節日慶祝會議記錄樣本截圖）。聯繫協作的該院內部單位有餐飲部（安排為全院員工提供相應的宗教文化節慶飲食）、人事資源部（提供人力與慶祝活動所需經費）、網絡技管

[①] 依據辛斯基（Christine A. Sinsky）醫生等人 2021 年 12 月在《妙佑醫療》（*Mayo Clinic Proc Inn Qual Out*）期刊上發表的〈美國醫療工作人員同新冠疫情相關壓力與工作意向樣本〉（"COVID-Related Stress and Work Intentions in a Sample of US Health Care Workers"）研究，從 2020 年 7 月 1 日至 12 月 31 日期間，在全美 124 個醫療機構對護士（n=2,302）、醫生（n=9,266）、高級執業醫護人員（n=2,101）以及其他臨床醫療工作人員（理療師、實驗室技術人員、醫療助理以及護士助理，n=2,445），進行的新冠疫情引起的相關焦慮、抑鬱、過度勞累、精神耗盡、希望減少工作時間以及離職意圖問卷調查，結果顯示 33.7%，n=776 護士；31.4%，n=2,914 醫生；28.9%，n=608 高級執業醫護人員表示要減少工作時間。由於新冠疫情引起的相關焦慮、抑鬱、過度勞累以及精神耗盡，問卷調查結果同時顯示意圖在 2 年內離職的護士 n=921，佔比 40.0%；高級執業醫護人員 n=694，佔比 33.0%；其他臨床醫療工作人員 n=718，佔比 29.4%；醫生 n=2,204，佔比 23.8%。詳細參見 Christine A. Sinsky, Roger L. Brown, Martin J. Stillman and Mark Linzer, "COVID-Related Stress and Work Intentions in a Sample of US Health Care Workers," *Mayo Clinic Proc Inn Qual Out*, 2021, 5(6), pp.1165-1173.

部（提供內部電腦網絡與外部視訊連線保障）以及非裔員工聯合會（BEAM Team & Allies，慶祝寬扎節）。聯繫協作的外部社區機構有印度教社團（視訊連線排燈節慶祝）、基督教會（耶穌受難日與聖誕節視訊連線慶祝）、猶太教會（視訊連線光明節慶祝）、佛教社團以及舊金山交響樂團（視訊連線農曆春節演奏慶祝）等。

第 6 章 臨床佛教宗教師心性關懷案例分析

如前章所明，北美醫療機構作為社會事業單位，臨床病人來自五湖四海，體現出人種族群、宗教信仰和地域來源分佈多元狀況，也因此臨床佛教宗教師的工作體現出多重的性質。本章選擇我在美國北加州 D 市 F 大學醫院從事駐院臨床佛教宗教師工作時的 4 個病人案例，著重分析了臨床佛教宗教師作為社會職業人角色，為有需求病人提供心性關懷的內容範式，及其內在職業價值與意義。文中分享的臨床病人探訪案例，分別來自該院的 F3 急診癌症物療、L7 骨科、H2 精神疾病與 H1 疼痛科室；病人的宗教信仰分別為無宗教意向、基督新教、新教結合個體靈修，以及天主教家庭背景佛教徒。我希望藉此四個病人案例分析，為讀者提供一份有關北美臨床佛教宗教師日常工作中同病人互動，以及為有需求病人提供適當、有效心性關懷的圖景。

6.1 急診癌症物療科 J 先生案例

J 先生肺癌三期，化療造成了神經系統性創傷，疼痛經肺部與胸腔蔓延全身。每次疼痛需用 3 種以上鎮痛劑。J 天主教家庭出生長大，在天主教創辦的小學與高中接受的教育，成年上大學後逐漸成為無宗教意向的個體靈修者，自許不屬於任何教會，從此不再參加周日教堂禮拜。J 在留院查看化療期間，連續幾日胸腔與腹部激烈疼痛，使他在似睡非睡之間產生了夢境與幻覺。夢境與幻覺使他心神不寧，對生命與未知產生恐懼不安，向護士表達了希望駐院宗教師探訪的意願。依據 J 的意願，臨床護士電話聯繫了當晚駐院輪班的臨床佛教宗教師。

性別： 男
年齡： 35-40
族裔： 白人
語言： 英語
宗教背景： 無宗教意向

臨床佛教宗教師探訪 J 時，他正在同護士諮詢、交流疼痛接下來可能的用藥與癌症化療程序。當他看到臨床佛教宗教師時，臉上露出了欣慰、愉悅的神情，並對臨床佛教宗教師的到來首先表達了感謝。

見 J 正與護士諮詢醫療事務，臨床佛教宗教師問 J 道：「現在方便探訪嗎？還是您想讓我晚些時候再過來？我也可以在室外走廊等您與護士諮詢結束後再進來。」J 表示那樣最好不過了。臨床佛教宗教師表示沒問題，護士也同時表達了謝意。在護士諮詢結束後，臨床佛教宗教師進入 J 的房間。彼時 J 正坐在床沿上，嘗試彎腰穿上襪子，但試了幾次，由於胸腔與腹部劇烈疼痛，都未能成功。於是，便緩慢地躺下。

　　J 告訴臨床佛教宗教師，他在過去幾天的夜裏，連續夢見自己被關在一個黑暗的鐵屋子裏。每次用盡全力嘗試逃脫，但都無法打開那扇緊鎖的厚重鐵門。J 表示他在黑暗的鐵屋中感到無助與恐懼，然後在無助、恐懼與劇烈的疼痛中醒來。雖然，他知道那是夢，但是次數多了也就分不清夢與幻覺之間的關係。「夢中的情景太真實了，是幻覺而非幻覺」，J 陳述道。

　　臨床佛教宗教師以慈悲心現前，不加評判地仔細傾聽，了解 J 的夢境與幻覺之間關係，詢問 J 夢境中被關在黑暗鐵屋子裏時的無助與恐懼感受，是否同自身的疼痛有關？ J 稍作思考，然後點頭回答道：「我想應該是的，因為每次都是在劇烈疼痛的情況下，似睡非睡間夢見相同的鐵屋子，並在無助、恐懼與劇烈的疼痛中醒來。我想可能主要還是疼痛的原因。」J 說道。

　　臨床佛教宗教師接著用 0-10 疼痛測試指標（0-10 Numeric Rating Scales），0-6 表示疼痛可以忍受，7-10 表示疼痛已超出了一般人可以忍受的範圍。詢問 J 的疼痛程度，J 表示平時的疼痛都在 8-9 之間，有時候可以達到 10 甚至超過 10 的程度。臨床佛教宗教師詢問對於生理上如此劇烈的疼痛，到目前為止物療止痛效果如何？ J 表示藥物時常無法控制疼痛的感覺。

　　臨床佛教宗教師接著詢問 J，在用藥物無法完全止痛，甚至無效的情況下，是否還有其他方法用以協助其減輕疼痛感受？比如內在靈修或宗教練習？ J 表示自己在過去幾個月裏，通過朋友介紹，練習了佛教正念與呼吸禪法，增加自己對疼痛的感知程度以及控制能力，以減輕自己被劇烈疼痛襲擊時的感受。J 同時也表示自己雖然多年不曾上教堂做禮拜，但是對上帝的大能、慈愛不曾有疑，疼痛時也會通過禱告的方式請求上帝的寬恕與憐憫。

　　J 首先向佛教宗教師講述了其個人對佛教正念與呼吸禪法的理解與練習，然後要求臨床佛教宗教師教導其如何更好地練習正念與呼吸禪法，並進一步要求臨床佛教宗教師介紹網絡油管（YouTube）頻道上禪修導師講座視頻給他平時參考。依據 J 的要求，臨床佛教宗教師從觀照呼吸、身心一體的方法，指導 J 在疼痛生起時，通過呼吸觀照身體的反應與內心情緒感受變化。看住疼痛感受的生、住、滅過程，及其對內心的影響，訓練內

心在這一過程中對疼痛的認知，以及生起捨離的智慧。

然後，臨床佛教宗教師為 J 提供了網絡油管頻道有關泰國森林派阿姜巴山諾（Ajahn Pasanno）講授禪修視頻資料，並在探訪結束前詢問：「是否還能為您做點什麼？」J 略帶著詢問的語氣問道：「也不知道佛教徒有沒有禱告的習慣？我雖然進入大學後沒有參加教堂活動，但還是仍然每天保持早晚禱告的習慣。」臨床佛教宗教師問 J 平時以何種方式禱告？J 告知以天主教的方式。臨床佛教宗教師問，「如果您不介意，我想跟您禱告，如何？」J 歡喜接受，並開始了如下簡要的個人自發性禱告，並以〈主禱文〉作為本次探訪的結尾：

> 天父，我知道祢在我身邊，
> 照看著我，寬慰我，引導我。
> 天父，我感恩祢的慈悲，
> 祢的大愛，祢的榮耀，祢的不棄。
> 祢在我最痛的時候，派來了宗教師振；
> 祢從他的現前與口中，傳遞了希望與力量，
> 天父，感恩祢如此的饋贈與慷慨！
>
> 我們在天上的父：
> 願人都尊祢的名為聖。
> 願祢的國降臨；
> 願祢的旨意行在地上，
> 如同行在天上。
> 我們日用的飲食，今日賜給我們。
> 免我們的債，
> 如同我們免了人的債。
> 不叫我們遇見試探；
> 救我們脫離兇惡。
> 因為國度、權柄、榮耀，全是祢的，
> 直到永遠。阿們！①

在 J 的案例探訪中，臨床佛教宗教師作為心性關懷供給者，尊重病人的醫療信息隱私權，當病人與護士諮詢、交流個人病情時，及時詢問病人探訪意願，以確保病人的個人醫療隱私得到尊重。在 J 的探訪案例中，就醫療方面而言，長期的激烈疼痛是 J 人生中需要面臨的最大挑戰。鎮痛劑對 J 已基本不起作用，

---

① 中譯〈主禱文〉，恩典材料，《馬太福音》6:9-14，2022 年 2 月 11 日檢視，網址 https://www.endianjiaohui.com/dangan/1205

對身體激烈疼痛的長期忍耐，心理上由此產生了不良的夢境與幻覺，並伴隨著J本人內心對生命的無助與恐懼感而擴大。希望減緩疼痛與獲得康復，無疑成為了J每日的心願。

就病人疼痛管理而言，2020 年 11 月丹麥歐登塞大學醫院（Odense University Hospital）維葛特（Henrik Bjarke Vageter）醫生與其醫療團隊發表了一份有關病人疼痛物療、運動、心理的量化研究（非概率隨意抽樣，研究對象人數 n=83），結果表明就多數病人面臨的疼痛本身，即便在醫療科技發達的今天，也仍然無法完全通過物療得到有效控制（認為疼痛控制有效 n=28；不置可否 n=28；完全無效 n=27）。特別是慢性疼痛症狀，時長可達幾個月、幾年甚至十幾年之久，長期物療會使身體組織持續受到損傷、惡化。對此，維葛特醫生團隊認為，在物療無效的情況下，病人需要從身心兩方面進行適當的療護。也即，身體接受適當的運動，心理有意志力與智慧觀察力，能夠在疼痛中觀察內心生起的感受與情緒變化，從而調整心態，減緩物療無法控制的疼痛。[1]

J 在個人的靈修中，雖然接觸過佛教的正念與呼吸禪修方法，但是並沒有將其提升至個人有效心性（或靈性）修習層次上，只作為緩解身體疼痛的一種方法。這種方法對於 J 的疼痛控制是否有效，在我的探訪交流中，J 無任何的明確表示。就 J 對自身、心、靈照護結果而言，真正起作用的還是他的深厚天主教家庭信仰背景，所體現出的宗教超驗元素——禱告——作為一種超越現實世界的宗教經驗存在。

雖然 J 自大學年代起不再參加教會活動，成為無宗教意向者，但是如前章所明，北美「無宗教意向」者並非無任何宗教信仰的「無神論者」，二者有明顯的區別，主要是指脫離教會，成為個體《聖經》信仰與練習者。這一類病人基本保持著每日早晚禱告的習慣。在 J 的案例中，禱告顯然成為他個人心性發展與疾病療癒的一種模式。這一模式，成為了臨床介入疼痛療癒的有效能量，並從身心靈三個方面，對 J 的病痛與生命意義起著重要的引導作用。

事實上，在已有北美臨床宗教師研究文獻中，居於基督教背景的禱告對疾病療癒的作用，自 1987 年斯特頓（Edward K. Stratton）在《關懷供給者》（*The Caregiver Journal*）期刊上發表〈宗教師角色之於疼痛處理〉（"The Chaplain's Role in Pain Management"）一文，率先從心理與宗教靈性關懷學角度，詮釋了臨床醫療跨職業協作中，在物療對病人長期疼痛治理無效的情況下，禱告可以

---

[1] Henrik Bjarke Vageter, Peter Thinggaard, Casper Madsen, Monika Hasenbring, and Joans Bloch Thorlund, "Power of Words: Influence of Preexercise Information on Hypoalgesia after Exercise — Randomized Controlled Trial," *Medicine & Science in Sports & Exercise*, 2020, 52(11), pp.2373-2379.

起到有效的療癒與疼痛管理作用。[1] 2008 年漢佐（George F. Handzo）等人，通過長達兩年（1994 -1996），涉及紐約市 13 家醫療機構，17 位臨床宗教師（9 位有特定宗教信仰，8 位無特定宗教信仰）參與，共計 30,995 次病人與家屬探訪次數的數據分析，得出禱告對臨床病人疾病療癒、疼痛和家屬悲傷處理的介入作用，不僅有效而且被使用的次數頻繁（>45%）。[2]

6.2 骨科 G 先生案例

　　臨床佛教宗教師當晚醫院輪夜班，剛剛進到醫院宗教師辦公室，放下背包，登錄院內手機通信系統不久，便接到了護士 E 打來電話，告知 G 先生當晚的情緒很不穩定，哭泣良久，也不知發生了什麼事，又不願意同值班照護他的護士交流，因此希望臨床佛教宗教師能夠前往探訪。「G 情緒很不穩定，您越快探訪越好！」護士 E 在電話的最後強調道。臨床佛教宗教師在宗教師辦公室放好隨身物品，便前往探訪 G。

　　臨床佛教宗教師到達時，G 正坐在床上，室內昏暗，但可以看清 G 及室內擺放物件。G 60 出頭，但外表看起來比實際年紀衰老許多。禿頂，疏稀散落周圍的頭髮斑白。右腿從膝蓋往下截肢，左腿內側在經過四次手術失敗之後，也面臨著同樣截肢的命運。G 在入院前是位無家可歸者，已在街上與救濟站之間，生活了一段時間。

性別： 男
年齡： 60-65
族裔： 白人
語言： 英語
宗教背景： 基督新教

　　G 看到臨床佛教宗教師時，情緒異常激動，淚流滿面，表達了自己的深度焦慮，並在簡單的互相介紹之後，開始向臨床佛教宗教師傾述其不幸的一生。G 傾述了自己在 14 歲時被身邊熟悉的一位成年男子性侵，並在之後出於某種原因與對方保持了一段時間的同性關係。這段經歷使 G 內心嚴重受到創傷，對人性與人生失望，也因此同自己的父母兄弟姐妹，產

---

[1] Edward K. Stratton, "The Chaplain's Role in Pain Management," *The Caregiver Journal, 4(2)*, 1987, pp.129-136.

[2] George F. Handzo, Kevin J. Flannelly, Taryn Kudler, Sarah L. Fogg, Stephen R. Harding, Yusuf H. Hasan, A Meigs Ross & Bonita E. Taylor, "What do chaplains really do? II. Interventions in the New York Chaplaincy Study," *Journal of Health Care Chaplaincy, 14(1)*, 2008, pp.39-56.

生隔閡，並在最後發展至關係破裂的地步。因為這些童年的不幸經歷，G在 18 歲成年後陷入了酗酒與吸毒的泥淖，從此與親人朋友越走越遠。

G 說自己在過去的 30 多年裏嘗試了多次與家人、朋友聯繫，但都不了了之。最後自己也失去了聯繫親人朋友的信心。G 接著述說了自己在成年後與當初性侵他的男子脫離了關係，並在隨後的人生裏先後同四位女性發展了兩性關係。不過，每段關係都以失敗告終。G 將此歸咎於自己童年的不幸遭遇，以及早期酗酒與吸毒結果。G 並表示自己現在落得流浪街頭，全身疾病，失去雙腿的結果，與自己當年的酗酒與吸毒留下的後遺症有關。

G 表示在他四段男女關係中，第二任女友為其育下一子，之後不久便攜子離他而去。30 多年來，G 嘗試了無數次與兒子聯繫，希望能建立父子關係，但每次都不幸地被兒子拒絕。即便現在 G 面臨著人生失去雙腿，出院後不知何去何從的境地，兒子仍然拒絕與他交談。G 說他出院後可能會住進養老院，但現在具體情況還不是很清楚。G 也向臨床佛教宗教師傾述，自己在人生晚年，重新找回了小時候的宗教信仰，參加了當地教會的活動，並在其中感受到人生的快樂與生命的歸宿。雖然，現在疫情還沒有結束，也不知何時能結束，但是 G 很希望自己所屬教會能盡快恢復日常活動。他渴望著參加教會活動，教會讓他感到了生命的歸屬與人間的溫暖。

最後，G 要求臨床佛教宗教師為他禱告。臨床佛教宗教師依據 G 的意願，為其做了疾病療癒，順利出院住進理想養老院；日常生活得到上帝眷顧，能夠盡快自理，重新與兒子建立聯繫，疫情早日結束，回歸所屬教會活動的自發性禱告。臨床佛教宗教師在探訪結束後，聯繫了 G 的護士，詢問 G 接下來出院的相關情況，並詢問是否有臨床社工探訪過 G，了解他目前的處境？在得知已有臨床社工探訪過 G，並正在為 G 出院後的養老院安置進行著工作之後，臨床佛教宗教師進行了下一位病人的探訪。

G 的探訪案例，呈現出了臨床心性關懷中身、心、社、靈方面的複雜性。身心方面，G 的創傷不僅僅由疾病導致失去雙腿自由行動能力，帶來的深度人生焦慮，還因為 G 在童年遭受過性虐待，造成了嚴重的心理創傷。社交人際關係方面，G 很早與親朋好友脫離聯繫，成年的社會生活陷入酗酒與毒品濫用，造成兩性關係重覆破裂，以及失去父子情誼。

此外，G 的案例表現出了社會經濟壓力，以及人作為社交動物，老年疾病交加與失去親情依靠的無助心理特徵。這一特徵，在一定程度上引發了 G 的深度憂慮與老年精神健康問題。在 G 的不幸人生中，家庭與兩性關係，並沒有給他兒童時期的心理創傷帶來療癒，從側面來看反而增加了心理創傷的面積（如四任女友離他而去，兒子拒絕與他交流）。依據 G 的自我陳述，在他人生晚年，重新從參與教會的日常活動中找到了「家」的感覺、社區意義和生命歸屬感；

重新燃起了對生活的嚮往，形成了個人在面對苦難時的積極正向心性發展路徑，並由此連帶了 G 希望對晚年人生意義與靈性生活的進一步探索。

加拿大聖保羅大學（Saint Paul University）人文科學院蓋爾（Terry Gall）教授等人 2007 年 3 月在《宗教科學研究》（*Journal for the Scientific Study of Religion*）期刊上發表的〈靈性與兒童性虐待成人幸存者當前「心性」調整〉（"Spirituality and the Current Adjustment of Adult Survivors of Childhood Sexual Abuse"）論文中，通過對 101 位遭遇兒童性虐待成人幸存者，從宗教信仰靈性發展與心理創傷療癒關係，進行的問卷調查，結果顯示在成年過程中能夠與上帝或某種宗教「更高能量」建立聯繫，對兒童時期遭遇性虐待者的成年心理陰影問題解決，呈現出直接關係。

正向的宗教信仰與兒童性虐待成人幸存者的心理創傷療癒，展現出良好的效應，減少兒童性虐待成人幸存者的負面情緒，在社會中有更為積極正面的成長經歷。此外，對上帝或某種更高能量的信仰，使兒童期受到性虐待的成人幸存者，在成年進入社會的過程中更加能夠克服內心焦慮與抑鬱情緒，更好地面對人生，接受自己的過去，同過去和解，並對刻下的生活與未來充滿希望。[1]

就此而言，蓋爾教授 2006 年在《兒童虐待與忽視》（*Child Abuse & Neglect*）期刊上發表的〈兒童性虐待成人幸存者中的靈性與人生壓力應對〉（"Spirituality and Coping with Life Stress among Adult Survivors of Childhood Sexual Abuse"）論文中，同樣以 101 位兒童性虐待成人幸存者的問卷調查數據，對關於在性虐待陰影下成長的內心焦慮與抑鬱情緒，同積極與消極宗教靈性關懷之間的關係，進行了風險系數評估（β），結果顯示兒童性虐待成年幸存者中無宗教靈性協助與消極因循度日係數（$\beta = -.35$）的人生深度焦慮產生關係。而缺乏積極宗教靈性引導幸存者的風險係數（$\beta = .26$），亦與自我抑鬱症狀的發展，形成了重要的因果關係[$F(15, 60) = 3.66, p < .0001$]。而積極的宗教靈性關懷——譬如，禱告尋求上帝幫助以應對負面情緒——可以起到降低抑鬱情緒程度的作用。[2]

在 G 的案例探訪中，可以看出 G 在兒童時期遭遇的性虐待，造成的心理創傷，沒有在成年時期得到積極、正面的引導與療癒。相反，G 的人生挑戰，在於走了曲折的人生路，其童年心理創傷在成年時期的自我導向中，以酗酒和毒品濫用方式完成，這進一步造成了他在社會生活與人際關係上無法正常經營

---

[1] Terry Gall, Viola Basque, Marizete Damasceno-Scott & Gerard Vardy, "Spirituality and the Current Adjustment of Adult Survivors of Childhood Sexual Abuse," *Journal for the Scientific Study of Religion, 2007, 46*(1), pp.101-117.

[2] Terry Gall, "Spirituality and Coping with Life Stress among Adult Survivors of Childhood Sexual Abuse," *Child Abuse & Neglect, 2006, 30*(7), pp.829-844.

兩性關係與父子情誼，進入晚年人生面臨了身、心、社、靈的多方面挑戰。此中，G 在晚年回歸了宗教社區，並因此發展了自身的靈性療癒模式。這種「回歸」在 G 的自我陳述中，體現為對生活重新燃起希望，藉由信仰的力量，減少了人生焦慮，增加了社區歸屬與人生幸福感，同時對自體的生命意義，產生了積極、正向的引導作用。

不過，從實際生活的面向來看，出院後的 G 仍然需要面對生活無法完全自理，以及應對可能無法獲得住進理想養老院，再次淪為街頭流浪漢的殘酷事實。這些，可能持續影響 G 晚年的人生軌跡，在一定程度上對他從宗教靈性歸屬感中尋找人生與生命意義，減少焦慮程度，產生新的挑戰。對 G 而言，或許「未知」帶來的晚年不確定與人生缺乏安全感，將繼續伴隨他度過餘生，也未可知。

6.3 精神疾病科 T 女士案例

臨床佛教宗教師正在 E3 科室處理病人死亡文件，精神疾病科室值班秘書 C 發信息希望臨床佛教宗教師探訪 T 女士。臨床佛教宗教師在 E3 處理完病人死亡文件，便即刻前往精神疾病科室探訪 T。依據精神疾病科室探訪病人程序，臨床佛教宗教師先在科室前臺諮詢值班秘書 C，有關 T 的基本信息，並確定當時可以探訪（有時病人精神情緒不穩定，則需擇時等待）。

值班秘書 C 確定了可以探訪，告知是 T 要求見宗教師，只是探訪時間不能超過 40 分鐘，40 分鐘後 T 將參加由臨床心理諮詢師與精神分析師組織的團體諮詢活動。然後，便讓護士 W 打開隔離前臺與 G2P 病人區域的夾層防護門，陪同臨床佛教宗教師至 T 的房間，向 T 介紹了站在她面前的即是宗教師，然後便離開。

一般而言，精神疾病科室的病人情緒比較容易反覆無常，有時甚至可能突然失控，因此無法把握接下來會發生什麼。雖然值班秘書 C 告知我 T 沒有暴力傾向，但由於我之前在紐約市長辦公室老年局從事精神健康調研工作，探訪精神病人時會保留開著房門的習慣，人站在或坐在背對門口的位置，以應對可能突然發生的緊急事件。

T 的房間有兩個床位，一張靠門、一張靠內窗戶位置。T 歡迎了臨床佛教宗教師，在靠窗戶位置的床沿上坐下，然後詢問臨床佛教宗教師要不要在對面角落的椅子上坐下。臨床佛教宗教師謝過 T，然後移動椅子，距離 T 六英尺（疫情期間，T 沒有戴口罩），背對著大門坐下。

性別： 女
年齡： 30-35
族裔： 白人
語言： 英語
宗教背景： 基督新教信仰結合個體靈修

　　「您今天可好？」臨床佛教宗教師在椅子上坐下後問道。T 直入主題地回道：「糟透了！」並向臨床佛教宗教師傾述了人生無意義，她最近有輕生的念頭。T 傾述這些時面帶微笑，這使臨床佛教宗教師感到些許不安，於是問道：「您說人生無意義，最近常有輕生的念頭，我對此感到擔心。雖然我只能想像，無法切身體會您的感受，但我想您最近一定是在人生中經歷了許多事情，所以才讓您感到人生無意義，有輕生的念頭，是這樣嗎？您可否告訴我是什麼令您對人生有此感想？」

　　T 看著臨床佛教宗教師，雙眼開始泛紅，停留了一會兒，還是無法自制地流下了淚水。T 告訴臨床佛教宗教師，自己是位新教徒，同時也是位個體靈修者，已有一段時間沒有參加教會活動。T 告訴臨床佛教宗教師，她認為自己犯了大罪，正在受到上帝的懲罰。臨床佛教宗教師問：「可否告訴我，您犯了什麼大罪，上帝要懲罰您？」T 沒有接著往下說，只是重覆著剛才的話，然後停了下來，看著臨床佛教宗教師。

　　臨床佛教宗教師說，據他了解上帝不是懲罰性的，譬如《耶利米書》（Jeremiah）的經文說上帝希望善而不是惡。T 又說她聽到「有人」不停地對她說吃藥沒用。臨床佛教宗教師問道：「那個人是怎麼說的？」T 回答道：「只是反覆地勸我別吃藥，吃藥會害我。」臨床佛教宗教師問：「那麼您不吃藥和吃藥後，感到有什麼不同嗎？」T 說吃藥後，情緒會比較穩定，身體也感到有所放鬆，不會像不吃藥時身體不停地顫抖，但也常常感到昏昏欲睡，可能是藥物引起的副作用。

　　T 問臨床佛教宗教師會不會是上帝的意願，讓她不要吃醫生給的藥？臨床佛教宗教師沒有正面回復 T 的問題，而說道：「人的身體和靈性雖然一體，但是身體不好的時候是需要醫藥來治理。譬如，耶穌當年遊走於加利利、迦百農和拿撒勒諸城時，自己身邊常有一位醫生路加（Luke）陪伴他旅行。耶穌是屬靈的『醫生』，而路加則是身體的醫生，所以身體與靈性是一體兩面。當身體不好的時候，還是需要有路加這樣的醫生來醫治，他開出來的藥，也是耶穌所贊許的。」T 點點頭，眼神裏流露出欣慰。大概過了 20 秒，T 接著又說外面的世界太讓人失望了，到處充滿著背叛、謊言和欺騙，朋友如此，親人如此，配偶亦復如是。過去的經歷使她失望至極，語氣中充滿憤怒與困惑，並伴隨著身體無法自制地顫抖。T 說朋友的背叛與欺騙可以原諒，但親人的背叛與欺騙讓她痛不欲生，陷入了人生

困惑與無意義中，並產生了了斷自己生命的念頭，也因此來到了這裏（指醫院的精神疾病科）。

臨床佛教宗教師肯定了 T 的感受，同時表達了對她的遭遇感到傷心，希望進一步了解她所說的「背叛」與「欺騙」所指的內容是什麼？T 看著門外走廊時有醫護工作人員來來往往，欲言又止，看著臨床佛教宗教師接著說，主要是丈夫的背叛與欺騙，然後便沈默不語，目光呆滯地望著腳下的地面，身體的顫抖加劇。大概過了 40 秒，T 面部開始變得呆滯，好似陷入某種不好回憶，淚水斷線而落，雙肩由於抽泣而顫動不止，情緒開始激動起來。臨床佛教宗教師說：「您雖然不願多說，但是我在這裏可以感受到您現在內心的痛苦。您要是認為現在還不到說的時候，也沒關係，等您想說的時候再說。」T 點點頭。臨床佛教宗教師接著問：「我為您個人需要面對這麼重大的人生悲痛，感到傷心，不知您在人生困惑與痛苦的時候，是否有什麼渠道可以幫助您面對的？」。

T 表示自己在無助、傷心的時候，會通過閱讀《聖經》來重新認識自己，以及從上帝的話語中尋找人生的意義。T 講到這裏時突然打住問：「您是位佛教和尚嗎？」臨床佛教宗教師如實答覆，告訴 T 自己是位受過戒的佛教和尚，如果 T 不介意，臨床佛教宗教師可以和她一起讀她喜歡的《聖經》章節。T 臉露笑意，並說很樂意與佛教宗教師一起閱讀她喜歡的《聖經》章節。臨床佛教宗教師表示感到很榮幸，並問道：「您現在心中是否有最想要讀的《聖經》章節？」「我們可以讀《以賽亞書》第 61 章嗎（Isaiah 61）？」T 問道。「當然可以，我剛好帶了《聖經》。」臨床佛教宗教師說，然後在基督新教福音派國際基甸會（The Gideons International）2013 年印贈的《聖經》第 717 頁找到了 T 想要的章節，詢問 T 本人是否帶讀？

T 說她感覺自己的狀態不是太好，詢問臨床佛教宗教師是否可以為他朗讀此章節？「當然可以。」臨床佛教宗教師回覆道，並接著說「如果您願意，可以把眼睛閉起來，仔細諦聽，在諦聽的過程中邀請上帝現前。」T 點頭，閉起雙眼。臨床佛教宗教師接著為 T 朗讀了《聖經•以賽亞書》第 61 章全文。朗讀結束後，臨床佛教宗教師問 T 該章經文對她意味著什麼？ T 緩慢地睜開雙眼，說道：「上帝安慰我的苦難，使我現在的悲傷得到療癒，在祂的仁慈中我的內心得以回歸平靜。」

臨床佛教宗教師點頭表示認同，並在離開前詢問是否還有其他的事可以為她做的？T 說臨床佛教宗教師已為她做了很多，而且是很重要的事——與上帝靈性的鏈接。臨別前，T 感謝了臨床佛教宗教師，並以雙手合十的方式，表達了對臨床佛教宗教師的謝意與尊重。

T 的探訪案例，從疾病症狀與心性需求方面，主要體現出如下三點特徵：

（1）T 精神狀況不穩定，交談無法集中話題，在特定情景下，易於陷入失望與悲傷；（2）T 在精神上受過大的刺激，在藥物可控下，情緒仍然易於波動，並伴隨著身體無法自制地顫抖，體現出內在心理創傷外現焦慮與恐慌症狀；（3）T 對上帝與《聖經》的信仰，對疾病療癒起到積極、正面的作用。不過，這在某種程度上，也限制了 T 的療癒進程，譬如 T 認為自己犯了大罪，正在受到上帝的懲罰，並伴隨幻覺幻聽，對藥物產生抗拒。

就此而言，宗教信仰在形成有益於 T 的精神疾病療癒進程的同時，也表現出了某種程度的「靈性危機」轉化成心理與精神健康問題。從職業領域角度出發，精神疾病屬於臨床精神分析師的職務範疇，臨床佛教宗教師在此中的角色，只限於病人的宗教信仰與心性（或靈性）關懷需求。

T 探訪案例中呈現的「靈性危機」，主要表現為幻覺幻聽。心理與精神分析學上，可能將此概念化為一種非普通的認知意識（或超感官意識知覺）狀態，體現為身、心、靈（或精神上）行為超乎邏輯範疇。譬如，病人的身體可能表現為痙攣、顫抖或抽搐等症狀；心理上，病人可能表現為內心不斷出現不尋常想法，或精神上具有超乎正常邏輯所能理解的強烈宗教信仰行為等。[1]

就心理與精神層面而言，柯尼希（Harold Koenig）等人在 2012 年出版的《宗教與健康手冊》（*Handbook of Religion and Health*）一書中指出，醫療上精神疾病與宗教信仰案例涉及對宗教罪與惡的恐懼，結合社會環境與家庭人際關係，引起精神健康問題，情節嚴重者可以導致如幻覺幻聽、心理抑鬱或狂躁症。此中，就幻覺幻聽而言多表現為「上帝」或「撒旦」告訴病人去做某事，或病人看見某種宗教神跡異象等，但就此類病人而言，宗教信仰同時也是其自身精神疾病療癒的重要方法。[2]

T 的案例，表現出宗教信仰與精神疾病並存的狀況，並且宗教信仰在一定範疇內，影響了 T 的精神疾病療癒進程。研究表明，就精神疾病與宗教信仰在病人疾病療癒方面而言，以病人為中心的心理與精神護理，形成了基本的療癒模式，同時靈性關懷在協助病人精神疾病療癒有明顯的功效，體現出了臨床上對病人身、心、社、靈全人照護的重要意義。[3]

在 T 的探訪案例中，靈性關懷對於 T 表現出的精神焦慮緩解與情緒穩定，起到了良好的功效。不過，如前所明，T 的宗教信仰體現出潛在的靈性危機狀

[1] Christina Grof and Stanislav Grof, *The Stormy Search for the Self: Understanding and Living with Spiritual Emergency*, UK: Mandala, 1991, pp.1-30.

[2] Harold Koenig, Harold George Koenig, Dana King & Verna B. Carson, *Handbook of Religion and Health*, NY: Oxford University Press, 2012, pp.66-7.

[3] Katerine LeMay and Keith G Wilson, "Treatment of existential distress in life threatening illness: a review of manualized interventions," *Clin Psychol Rev, 2008, 28(3)*, pp.472–93.

況，並對其自身的精神疾病療癒起到了一定的阻礙作用。對此，臨床佛教宗教師的職能，在於從宗教教理教義——T 信仰的上帝與《聖經》內容——對 T 的幻覺幻聽，從神學的角度做出相應的回應，協助其疾病療癒，緩解其內心痛苦。

6.4 疼痛科 W 先生案例

臨床佛教宗教師剛剛從 K5 探訪病人結束，便接到 H1 疼痛科室護士 M 打來電話，要求探訪該科室的 W 先生。W 是位日本曹洞宗練習者，膝蓋長期疼痛，形成複雜的局部疼痛綜合症，常因此出入醫院，同臨床佛教宗教師見面時，說自己也已記不得是第幾次入院了。W 學習日本真言宗佛教超過 30 年，曾兩次至日本高野山學習該宗派禪修儀軌。

雖然他有多年的佛教禪修經驗，但是在面對自己的疼痛與當日感恩節，令他憶起母親忌日，情緒波動甚大。W 感到內心愧疚、悲傷，聯繫他的護士 M 希望能和駐院臨床佛教宗教師談談，緩解自己的情緒感受。

當日臨床佛教宗教師值班，接到護士 M 的來電。護士 M 先是介紹自己以及所在科室，然後問：「我有位病人想和宗教師談談，他特別詢問我們醫院是否有佛教宗教師？」臨床佛教宗教師回答護士 M 自己即是。護士 M 喜出望外，然後告知臨床佛教宗教師：「您如果有時間，現在可以來探訪，病人剛剛做完檢查，休息好。」臨床佛教宗教師表示，大概 20 分鐘內可以到。

性別：男
年齡：65-70
族裔：白人
語言：英語
宗教背景：日本佛教真言宗

初見面時，臨床佛教宗教師首先向 W 介紹了自己。W 問：「您是位出家和尚嗎？」臨床佛教宗教師如實回答是的，自己是位受過戒的出家法師，在漢傳佛教禪宗系統接受的訓練。W 表示能在醫院遇見佛教法師內心很歡喜，並為彼此都是佛教的練習者表示了驚喜。臨床佛教宗教師接著詢問 W，「聽護士 M 說您今天的情緒波動較大，說您母親是在感恩節的這天去世的。我只能想像這種感受一定很沈重。是這樣嗎？」W 默然不語，點了點頭表示認可，然後意識到我站著，他躺著很不尊敬，於是便從床上起身，端身正坐向著佛教宗教師，接著說：「是的，我母親很愛我，她臨終的時候，我很慶幸能在她的身邊。」說這話時，W 雙眸

模糊，滿是淚水。

「是這樣，在您母親臨終時刻，您能守護在旁，對於您母親而言，也必然是莫大的安慰。」臨床佛教宗教師對 W 當時的內心感受，進行了肯定。W 接著說:「是的，我母親臨終前內心很平靜。她對我說她的信仰在她人生最後時刻，使她沒有恐懼，並知道自己死後要到哪裏去。這在當時和日後令我內心想起，便有種莫名的感動。」「是這樣，有信仰的人生盡頭的確不一樣。我可以請問，您母親是什麼宗教信仰背景嗎?」「當然可以，我母親是位虔誠的天主教徒。我出生在天主教家庭，我個人在就讀高中期間改信了佛教，並開始在本地參加禪修。」

「原來如此。從您剛才的談話中，我感覺到了您母親臨終前說的話，對您影響深遠，是這樣嗎?」「是的。這也使我時常相信我所認識的天主教與佛教有許多相通的地方，比如僧侶獨身系統，以及教會的內部結構。」W 說道。「就我個人的認知而言，的確有許多相似的地方，就如您剛才講到的兩點。」臨床佛教宗教師對 W 的看法表示了認同。

W 接著說自己通過對佛教禪法與儀式的練習，對天主教的儀式與教義有了更深的理解，並從《聖經》記載的基督受難中體會到了佛教所講四諦苦與滅 (解脫) 的關係。「我感覺我現在經受的病痛、身體與心理受到的苦難，都有它們內在的意義，雖然不同《聖經》所說基督受難與救贖的意義，但是我本身對佛法的理解與實踐，使我認識到苦與滅的關係，內中或許含有自我救贖的含義。我的意思是，佛教講業力輪廻，了解四諦苦諦與解脫的關係，這其中的『解脫』也是一種自我在業力輪廻中的一種『救贖』，也不知我的理解對不對? 這也是我今天希望跟您談談的原因。」W 說完之後，心情似乎有所緩解，雙眸緊視眼前站立的臨床佛教宗教師，希望臨床佛教宗教師能為他解惑。

「從您轉信佛教修禪以及對佛教義理修學 30 多年來看，您對佛法的理解已很深入，特別是能在晚年將自己對佛教四諦中苦諦的理解連結到自己原生家庭宗教信仰背景，這在我看來非常的難得，如禪宗所說『由疑悟道』。您的理解是對的，而且我也認同您從佛教業力輪廻的角度與您自幼成長的天主教基督受難與救贖相結合理解，這對於您來說無疑也是『宗門教下』的一種頓悟。」

W 先是點頭，接著語言上感謝臨床佛教宗教師對其四諦苦與解脫，同基督受難與救贖的理解的肯定，然後 W 的話題一轉，回到了他母親臨終前跟他說，信仰使她面對死亡時內心坦然、安詳，這對他的內心影響深遠，也使他在學佛多年後，重新審視了自己原生家庭的天主教信仰，並對臨床佛教宗教師表明，隨著自己年齡的增長、對佛教的深入體證，加深了自己對原生家庭天主教的認同，產生了歸屬感。臨床佛教宗教師在傾聽了 W 的陳述之後，肯定了他的認知與對原生家庭宗教的歸屬感，

相信也是其學佛的功德所在，為佛所贊許。

　　「如果您通過學佛認識到自己原生家庭宗教信仰的重要性，這在我所練習的禪宗而言，無疑是大徹大悟的體現，相信也是您這麼多年來學佛的善因善果。」臨床佛教宗教師總結道。W 端身正坐望著佛教宗教師，面露喜悅，眼神篤定，接著進一步與佛教宗教師談論了自己最近讀過有關龍樹的著作，並談了他對孔慈早先譯文的見解。探訪在 W 的妻子開門進入病房時結束。

　　從 W 探訪案例中可見，W 雖然學佛 30 多年，兩次至日本高野山學習，但是就其原生家庭的天主教信仰，仍然對他的人生與生命意義，產生著重大的影響。譬如，從我與 W 的交談對話中，可以看出亞伯拉罕一神教傳統在 W 的多年學佛中仍然影響至深，並伴隨著 W 歲數的增加而提升。也即，W 對自身天主教家庭信仰的回歸心理，在進入晚年後，越發真切。探訪中 W 表示在感恩節想起過世的母親，並由此引帶出他對母親最後談話的回憶，其時 W 已學佛多年，母親臨終前的言傳身教，令他對天主教有了進一步的認識。

　　又探訪中 W 對佛教四諦「苦」與「滅」二諦結合基督教耶穌受難與救贖的意義進行的理解，在某種程度上也說明了北美社會中由基督教改信佛教者，內心體現出的「靈性掙扎」具體而真實。這種掙扎，以 W 的案例而言，主要表現在他對佛教的理解與修持從哲學的層面進行。把佛教教理教義與禪修當作一種人生哲學，而非心性（或靈性）提升的宗教修習。因此，當面臨人生意義與宗教靈性需求時，佛教哲學的作用也就變得零散而無實際意義，相反是原生家庭基督教的靈性追尋，起到了關鍵性的作用，特別是耶穌基督的受難與救贖對 W 理解自身所受苦難與自我救贖的超越性意義。

　　珀比什（Charles S. Perbish）和鮑曼（Martin Baumann）教授在 2002 年編輯出版的《西方佛法：亞洲之外的佛教》（*Western Dharma: Buddhism beyond Asia*）論文集「介紹」中指出，當代佛教在西方的傳播，面對了不同的社會文化與宗教信仰背景，自 1960 年代以來在西方由基督教改信而來的佛教徒，也僅根植於精英群體。這一群體將佛教看作「理性」、「科學」和「個性化」禪修經驗，而忽視（或無視）了佛教本身具備宗教超越性經驗的特質。[1]

　　就我在美國的佈道與從事佛教宗教師的工作觀察而言，由基督教改信佛教的精英群體僅將禪修經驗視為「理性」、「科學」和「個性化」哲學，對於佛教本身作為一種藉戒、定、慧三學，超越生死輪迴的宗教修持意義，無疑是種損

[1] Charles S. Perbish and Martin Baumann, ed., *Western Dharma: Buddhism beyond Asia*, Berkeley: University of California Press, 2002, pp.2-4.

害，並容易造成當地基督教徒誤解佛教僅僅只是一種人生哲學，而不具備宗教超越性經驗特質。

此就 W 的探訪案例而言，在某種程度上體現出了這一類型的學佛特徵，以禪修作為一種人生哲學追求，當晚年涉及宗教靈性回歸主題時，無法從佛教哲學中找到意義，只能選擇回歸原生家庭天主教信仰。而我作為心性關懷供給者，從開放式的提問當中，對 W 的內在心性與宗教需求進行了探索，並對 W 的佛教修學結合天主教耶穌救贖信仰，給予了肯定。這種肯定並非出於附和或應付，而是我在北美多年佈道工作中，切身了解基督教改信佛教群體心理，以及建立在對當地宗教文化的理解基礎上做出的肯定。

6.5 臨床佛教宗教師心性關懷模式分析

上文所舉四位不同科室病人案例，呈現了病人心性關懷需求的多樣性及其不同特徵，以及臨床佛教宗教師工作的主要內容與特質。本節主要從身體、精神、社會關係以及宗教靈性等四個面向予以分析。

首先，身體方面，病人面臨的疾病各式各樣，身苦不一，因此對於臨床佛教宗教師提供的心性關懷服務內容，需求也有所不同。其次，精神方面，主要解決病人的心理健康、精神衛生和思想意識等方面的問題。再者，病人的家庭背景與社會人際關係複雜，存在許多有待解決的問題現象。譬如，G 先生與 T 女士的案例，不僅體現出家庭與社會人際關係複雜，需要其他職業人士（如臨床社工）及時介入，尋找有效問題解決方案，同時也體現了現實生活中由於家庭與社會人際關係，引發病人的精神健康與靈性危機等問題。

宗教靈性方面，病人的宗教信仰雖以基督教為主，但也存在不同宗教結合的現象（如天主教結合佛教禪修，或天主教轉信佛教等）。因此，病人的靈性需求，具多元的特性。此中，臨床佛教宗教師作為社會職業人角色的工作性質，也因此表現為相應病人不同需求，提供適當的心性關懷的多元特徵。

探訪案例同時展示，北美基督教徒病人並不會因為臨床佛教宗教師是異教徒而拒絕探訪。雖然，拒絕探訪的案例在我駐院 1 年的病人探訪中也的確存在過。如在第 5 章探訪數據表明 n=4（0.34%）的病人在認出我是佛教法師之後，當面拒絕探訪。不過，這一數據並不影響佔絕對多數的基督徒病人群體（n=566；57%）對臨床佛教宗教師探訪時作為宗教人士的「自然信任」，要求臨床佛教宗教師提供禱告（tv.=237；19.95%）、《聖經》章節閱讀、神學探討等（tv.=306；25.76%）。

這裏的「自然信任」如緒論所明，基督徒病人依據西方宗教傳統，視宗教師為教會外派教職人員，從而賦予臨床佛教宗教師極大的「牧靈權威」，或如文獻綜述中莫尼特臨床佛教宗教師所說，賦予延續佛學慈悲、善巧、智慧、戒力及願力等職能的「心性關懷權威」特性。[1] 臨床佛教宗教師在探訪病人之初，即被賦予了完全的信任。

就此而言，我在 D 市 F 大學醫院駐院 1 年的臨床病人探訪中，多數天主教徒病人見面時稱呼我為「神父」，基督新教徒稱呼我為「牧師」，佛教徒稱呼我為「法師。」我也時常在臨床上為病人提供心性關懷的過程中，被問及來自當地哪個教會或哪個道場。

基於病人的「自然信任」，臨床佛教宗教師得以開放的態度，以「牧牛人」或「善友知識」的角色，慈心現前、諮詢病況、明確需求、悲心引導，客觀傾聽病人的不同心聲與需求，提供及時、適當、有效的回應及心性關懷內容。

除了提供佛教教理教義諮詢之外，臨床佛教宗教師同時還必須滿足北美臨床病人以基督教徒為主流的神學諮詢需求。工作中，臨床佛教宗教師作為社會職業人角色，以病人為中心，尊重病人的宗教信仰，保障病人人格尊嚴，以現前陪伴的方式，參照病人不同社會文化、宗教信仰、人生價值理念，提供跨宗教文化交流與多元宗教信仰包容的心性關懷模式。此如紐約禪修冥想關懷中心坎貝爾法師所言，保持「未知」初心，放下「我能解決問題」心態，僅作為病人人生苦樂「見證人」角色，在關懷過程中成就慈心利他無害行。[2]

要做到這一點，似乎簡單，實則須完成如上各章所論述的臨床佛教宗教師教育項目、資格認證、滿足倫理要求，為不同需求的病人提供及時、適當、有效的心性關懷等內容。據此通過北美臨床佛教宗教師的實踐與探索，佛教亙古以來的慈悲精神在當代醫療實踐中煥發出新的生命力，並以現代職業的方式服務於大眾。

[1] Mikel Ryuho Monett, op. cit., pp.105-110.
[2] Robert Chodo Campbell, op. cit., pp.73-80.

結 論

　　臨床佛教宗教師作為 20 世紀 90 年代以來北美新興的宗教社服職業，體現了基督教宗教師職業模式向佛教與其他宗教文化的擴展。北美臨床佛教宗教師進入宗教場所之外的世俗社會醫療機構，以社會科學結合佛教心性關懷模式，為有需求的病人提供的服務，展現出不同於傳統佛教僧侶的社服功能與作用。

　　作為一類宗教社服職業，臨床佛教宗教師資質的獲得，必須滿足佛教教職人員與臨床心性關懷兩方面的認證要求。前者確立了臨床佛教宗教師作為外派教職人員的身份合法性，宗有所屬的可靠性，以及作為心性關懷供給者的宗教權威特性；後者建構了臨床佛教宗教師作為社會職業人角色在醫療機構工作，為病人提供心性關懷所需的各項職能。

　　臨床佛教宗教師以病人為中心提供的「心性關懷」，需依據現行法律法規、《宗教師倫理準則》、《公共倫理準則》與所在單位政策要求，建立倫理實踐規範。就目前北美臨床佛教宗教師作為社會職業人角色而言，工作中任何對「法」的逾越與破壞，都將受到宗教師職業倫理準則的檢舉、審查，以及法律的制裁。也即，臨床佛教宗教師的倫理實踐規範，重點在於以現行的法律法規，確認自身在社會事業單位的服務宗旨與職責範疇，並以此保證自身作為社會職業人的角色意義。

　　這也為臨床佛教宗教師從事病人心性關懷服務的診斷、評估，以及介入醫療服務，提供了有效的規範依據，構成了具有社會職業指導性意義的理論與實踐價值體系。此中，《宗教師倫理準則》、《公共倫理準則》所體現出的社會契約精神，無疑與現行的法律法規相呼應，要求臨床佛教宗教師的工作，嚴格遵守就業單位政策和法律法規，有效服務不同宗教信仰的病人，確立「法」大於「德」（佛教戒律或倫理道德）的職業規範。同時，佛教宗教師作為外派教職人員需保持誠實正直品德，依此發展心性關懷與跨職業協作各項職能。

　　作為一類社服職業，臨床佛教宗教師工作所呈現出的理論與實踐價值體系，與傳統佛教之間，存在以下三個方面的關係：（1）匯合佛學理論與當代社會科學知識，包括心理學、精神分析學和人類行為學等，推進傳統佛教進入世俗領域開展有效的服務；（2）立足佛學基本理論，發展出跨宗教、多元宗教與和合宗教之間的交流互鑒；（3）融合佛教不同宗派的理論與實踐方法，結合臨床醫學實踐與臨床倫理學，為有需求的病人提供規範、有品質的宗教社服。①

---

　　①Alastair V. Campbell, "Is Practical Theology Possible?" *Scottish Journal of Theology*, 25*(2)*, 1972, pp.217-

據此，北美臨床佛教宗教師在醫院或安寧療護中心為不同宗教信仰、乃至無宗教信仰的病人，提供的心性關懷與情緒感受支持，形成了一獨特的「臨床應用佛學」模式。也即，臨床佛教宗教師的理論與實踐體系，建立在佛學理論與當代社會科學知識、臨床應用理論、臨床倫理學相結合的基礎上，形成了一特定的應用社服模式，為有需求的病人提供在地、及時、適當、有效的心性關懷服務，以及情緒與感受支持。具体如下圖所示：

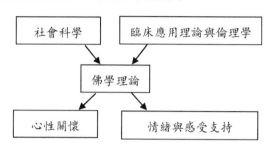

依據「臨床應用佛學」模式形成的臨床佛教宗教師職業，亦從特定的視角體現了當代應用社會學的特徵。19 世紀中後期美國社會學家沃德（Lester Frank Ward, 1841-1913）教授提出「應用社會學」的概念，目的在於對社會問題提供實際應用性的解決路徑。沃德教授認為不同於「純粹社會學」以純學術理論的方式處理社會問題的「因」，「應用社會學」強調了對社會問題的「果」的處理，也就是應用社會科學的基本原理與方法，對現實的社會問題，進行具體的描述、分析、評估，然後以客觀、科學的方式，建立實際應用模型，提供有效的問題解決方案，從而促進人類社會的積極正面發展。[①]

臨床佛教宗教師職業所採用的「臨床應用佛學」模式，與上述應用社會學的宗旨不謀而合，以佛學理論結合當代社會科學，建立實際應用模型，有效解決臨床病人的心性關懷需求。這既遵循了佛教注重身心解脫，追求解除「此世」病苦與「出世」離苦的教義，又在應用的層面上為有需求的病人提供了及時、適當、有效的社會服務。此中「臨床應用佛學」模式的作用，有如橋梁搭建起傳統佛學與跨宗教、多元宗教與和合宗教文化以及社會人文科學之間的緊密聯繫，在現代化語境下展現佛教提升生命質量，改善社會，促進人類文明進步的積極意義。

最後需要指出的是，在全球範圍內，北美臨床佛教宗教師至今仍然是一個

227; C. Peter Wagner, op. cit., pp.136-137; James W. Fowler, *Faith Development and Pastoral Care*, Philadelphia: Fortress Press, 1987, pp.13-17; Gerben Heitink, op. cit., p.49.

[①]李強、鄭路編著：《應用社會學》，中國人民大學出版社，2019 年第 3 版，第 1-2 頁；Hans L. Zetterberg, "The Practical Use of Sociological Knowledge," *Acta Sociological, 7(2),* 1964, pp.57-72.

嶄新的職業，尚在探索與發展之中，充滿多樣性與差異性。臨床佛教宗教師體系的出現，對於亞洲以及全球臨床心性關懷的發展，都具有一定的啟發意義。特別是臨床佛教宗教師以參與現代醫療的方式，具體踐行了佛陀及佛教所倡導的離苦得樂、普渡眾生的宗教本懷，展現了佛教對於現代職業體系的適應性與獨特貢獻，體現了佛教在當代社會的跨宗教價值意義。從漢傳佛教的視角看，臨床佛教宗教師開闢了人間佛教全球實踐的新篇章。

後　記

　　《北美臨床佛教宗教師的理論與實踐》一書的圓滿完成，歸功於魏德東教授自 2016 年秋紐約哥倫比亞大學再遇後的諄諄善誘與悉心教導。2018 年秋我有幸申請進入中國人民大學哲學院從事北美臨床佛教宗教師的博士課題研究，17 年後與魏老師北京再續師生緣，累世情誼，匯集一時，歡喜之心自不待言，而我「無心插柳，柳成蔭」。

　　回首來時路，雖然一切美好記憶已成碎片，但是追溯內心最初萌生研究北美臨床佛教宗教師的念頭，除了希望把自己多年來在美國從事佛教宗教師的工作與有緣人分享之外，主要還是我對民國太虛大師（1890-1947）「人間佛教」思想中有關「佛教宗教師」理念的認知認可。也因此我在 2019 年初邀請北京佛教研究所能仁法師一同對太虛大師的佛教宗教師理念的當代性意義進行了探索，不久成文〈太虛「佛教宗教師」理念——略論僧信建制與當代北美佛教宗教師專業〉。該文分別在 2019 年 5 月 4 日至 5 日紐約哥倫比亞大學舉辦的「佛教宗教師職業與信仰為基礎的社會服務」（Buddhist Chaplaincy and Faith-Based Social Services）以及 2019 年 11 月 2 日至 3 日北京大學第二屆「太虛與近代中國」國際學術研討會上發表，最後在北京大學佛教研究中心主任王頌教授的推薦下於 2020 年的《北大佛學》第 2 輯刊出（175-196 頁）。

　　太虛大師在民國時期掀起的中國佛教復興運動中被視為領袖之一，1931 年 5 月大師在南京召開的國民會議上代表中國佛教會撰〈上國民會議代表諸公意見書〉要求政府保護寺產與尊重佛教的同時，提出了「佛教宗教師」的理念。大師希望藉此理念為傳統佛教的現代化轉型提供有效依據，促使傳統佛學成為一門當代的經世顯學，使佛教可以進入社會不同領域（如軍隊、醫院和工廠等），為有需求者提供稱職的心性關懷服務，大師為此描繪了「三級制」的佛教宗教師理論與實踐藍圖——實習制佛教宗教師教育、專職制佛教宗教師實踐和年長有經驗的督導制佛教宗教師職位設置。

　　在大師看來，如同社會上律師需要經過嚴格的職業訓練與考核才能獲得律師執業資格，三級制佛教宗教師依據各自程度的不同，須通過標準的佛學教育與在地實踐考核，合格後才具備取得佛教宗教師的職業資質。在大師的佛教宗教師體制建設藍圖中，佛教宗教師的資質養成，樹立在應用佛學、社會科學和實踐經驗積累的基礎上。對此，大師依據了當時社會科學知識與佛教內部教育資源，構思了三級制佛教宗教師的「四學級」教育與「三職級」實踐內容。

「四學級」教育，是指佛教宗教師學員必須依據傳統佛教的律、教、觀、行體系完成自身的佛學修養教育。「三職級」實踐，涵括了成為佛教宗教師的在地實習時間（如到醫院或社會福利機構等），在有 20 年以上經驗的佛教宗教師的督導下完成助理佛教宗教師工作，最後才能通過佛教宗教師的職業資質認證要求。太虛大師構思的「三職級」佛教宗教師的職業資質認證，涵括了從國家法律法規層面結合四學級佛教教育，形成一有效與可持續的認證程序。就此而言，大師有關佛教宗教師職業資質認證體系的建構思想，遠遠超越了他所處的時代，直接跨入了 21 世紀宗教社服領域的職業意識覺醒！

以現在的眼光來看，當年太虛大師提出的佛教宗教師理念，不僅使傳統佛教在公共社服領域的空間，變得更為廣泛、多元及具建構性，也使歷久彌新的傳統佛教具備了「出世」與「入世」的統一，在當代宗教文化多元的社會中，體現出佛教的「當代性」、「社會性」和「普世性」價值。

中國人民大學哲學院魏德東教授在 2017 年《法音》第 7 期刊出的〈漢傳佛教的新探索——漢傳佛教傳教師制度的建立與實踐〉論文中（45-48 頁）認為，當代北美佛教宗教師職業在延續太虛大師人間佛教思想的同時，也體現了佛教改善世界，促進社會改良，協助人類精神文明進步的當代性、社會性和普世性價值。魏老師指出，人類社會進入 21 世紀，科技從工業進入數字化時代快速發展，國際化概念普及人心，漢傳佛教不僅要緊跟時代步伐，實現太虛大師人間佛教思想的現代化實踐，還應以具體的方式，使傳統佛教走出寺院，進入社會事業單位提供有效的服務，促進社會進步，協助人類精神文明健康發展。此中，佛教宗教師訓練有素，具備了更好的職業知識以服務個體與群體，構成一當代「有效供給者」的佛教社服新範式，使佛教有效服務大眾，成為社會主流文化的有機組成部分，在日益全球化的語境下，發揮越來越大的社會影響力。魏老師最後指出佛教宗教師職業雖然形成於北美，但是其本身所體現出的普世性價值與意義必將是全球性的。

在華夏文化語境中，普世性價值與意義直接體現在人文社會的終極關懷上。譬如，北宋程頤（1033-1107）《伊川易傳》卷二有言：「人文，人之道也……觀人文以教化天下，天下成其禮俗。」先賢所指「人文」之普世性價值意義，超越了國界、宗教、文化、神聖與世俗，在體驗天人合一中，完成自利利他的社會事業。就此而言，北美臨床佛教宗教師立足於佛教傳統，以職業人角色演繹人文社會科學宗教關懷職能，不僅體現了漢傳佛教慈悲喜捨四無量心的菩薩道精神，也彰顯了漢傳佛教在參與促進當代國際社會人文精神家園建構的重要意義。

「他山之石，可以攻玉。」最後，我希望《北美臨床佛教宗教師的理論與實踐》一書的出版，可以為讀者提供進一步深入了解、探索佛教作為一亙古常新的宗教的「當代性」、「社會性」和「普世性」價值意義。同時也希望我在書中探討的基於臨床應用佛學形成的佛教宗教師職業心性關懷教育、臨床應用理論和實踐倫理規範，能夠在近百年後為太虛大師在 1931 年後提出的「佛教宗教師」理念體系，提供理論與實踐上的借鑒意義。反之，我也期待太虛大師扎根於漢傳佛教的律、教、觀、行的「四學級」佛教宗教師教育理念與「三職級」的佛教宗教師實踐藍圖設計，可以在不久的將來反哺北美依據基督新教臨床牧靈教育協會形成的臨床佛教宗教師「心性關懷」教育與在地實踐，提供一行之有效的佛教教育與實踐體系借鑒。

振冠

2022 年 11 月 8 日

於北加弗雷斯諾

附件 1：北美臨床佛教宗教師的教職人員資格認證社團

Buddhist Endorsing Sanghas
May 15, 2021

Below is a list of APC/BCCI recognized faith groups as of May 2021. If your sangha is not on this list, you may contact APC's affiliate, the Board of Chaplaincy Certification (bcci@professionalchaplains.org) for an endorser recognition application and more information.

1. Ancient Dragon Zen Gate
2. Bay Zen Center
3. Buddha Eye Temple
4. Buddhist Churches of America
5. Cambridge Insight Meditation Center
6. Central Ohio Center of Pragmatic Buddhism
7. Central Valley Zen Foundation
8. Choegar Gong Bhumisparsha
9. Chua Pho-Tu
10. Dharma Ocean Foundation
11. Dharma Teacher Order
12. Do Ngak Kunpren Ling (DNKL) Tibetan Buddhist Center
13. Dzongsar Jamyang Khyentse
14. Five Mountain Zen Order
15. Greater Boston Zen Center
16. Honolulu Diamond Sangha
17. Houston Zen Center (Association of Soto Zen Buddhists)
18. Hue Lam Meditation Center
19. International Center of Chinese Buddhist Culture and Education
20. Jewel Heart Tibetan Buddhist Learning Center
21. Korea Sha Buddhist Temple
22. Kwan Um School of Zen
23. Mangala Shri Bhuti
24. Maitripa College
25. Mid-America Buddhist Association
26. Nalandabododhi Buddhist Church
27. Nashville Zen Center
28. New York Zen Center for Contemplative Care
29. Nichiren Order of N. America
30. Pundarika Foundation
31. Order of Buddhist Contemplatives
32. Reno Buddhist Church
33. Rime Tibetan Buddhist Center
34. Sakya Monastery of Tibetan Buddhism

35. Sanctuary Foundation for Prayer
36. Saraswati Bhawan
37. Shambhala / Vajradhatu
38. Soto Zen Buddhist Association
39. Spirit Rock Mediation Center
40. Sravasti Abbey
41. Stone Creek Zen Center
42. Twining Vines Sangha
43. Two Arrows Zen (Buddhist)
44. Udumbara Zen Center
45. Unified Buddhist Church
46. Unified Buddhist Church (Blue Cliff Monastery)
47. Upaya Zen Center
48. Upper Valley Zen Center
49. Village Zendo
50. Zaltho Zen Community
51. Zen Center of Los Angeles (ZCLA)
52. ZEN Peacemaker Order

附件 11：臨床心性關懷數據收集樣本

2020 年 9 月 17 日至 2020 年 11 月 26 日

探訪日期	醫院科室	姓名縮寫	性別	年齡	族裔	語言	宗教信仰	住院天數	佛教宗教師關懷	家屬	探訪次數
2020 年 9 月 17 日	B3	LXX, D	男	47	越裔	英語	越南佛教	4	臨床正念禪修；佛教諮詢與心性關懷		1
2020 年 9 月 23 日；10 月 7、13、27 日	K7	KXX, D	女	33	白人	英語	基督新教	51	《聖經》詩篇 53:1-6；路得記 4:1-22；《教徒每日<聖經>篇章》閱讀；靈性關懷與禱告		4
2020 年 9 月 23 日	M4	SXX, T	男	82	白人	英語	天主教	12	家屬悲傷與死亡文件處理		1
2020 年 9 月 23 日	B3	PXX, L	女	61	拉丁美裔	西班牙語	天主教	3	靈性關懷與禱告		1
2020 年 9 月 28 日	B3	SXX, K	女	73	白人	英語	天主教	7	靈性關懷		1
2020 年 9 月 28 日	K5	VXX, J	女	62	菲律賓裔	英語	天主教	2	靈性關懷與禱告	1	1
2020 年 9 月 28 日	L5	LX, Y	女	77	中國移民	漢語	無宗教	9	心性關懷	1	1
2020 年 9 月 28 日	L5	TXX, T	女	84	越南移民	越語	越南佛教	5	佛教諮詢與心性關懷		1
2020 年 9 月 28 日	M4	AXX, M	男	67	白人	英語	無宗教	23	心性關懷		1
2020 年 9 月 30 日	B2	AXX, C	女	73	白人		亞美尼亞使徒教會；佛教禪修愛好者	14	心性/靈性關懷；佛教諮詢；禪修指導與禱告	1	2
2020 年 9 月 30 日	K7	NXX, L	女	69	越南移民	越語	越南佛教	6	佛教諮詢與心性關懷		1
2020 年 10 月 2 日	M4	DXX, H	男	71	華裔	英語	無宗教	3	心性關懷	1	1
2020 年 10 月 6、7、14 日	G2P	WXX, M	女	82	中國移民	漢語	無宗教	27	心性與精神健康諮詢、關懷		3
2020 年 10 月 6 日	B2	MXX, S	女	63	白人	英語	天主教	9	依據患者意願推薦駐院天主教神父介入服務		

日期	病房	患者	性別	年齡	族裔	語言	宗教	次數	服務內容		
2020 年 10 月 6 日	J5	LXX, T	女	45	白人	英語	天主教	2	依據患者意願推薦駐院天主教神父介入服務		1
2020 年 10 月 6 日	E3	AXX, J	女	54	白人	英語	基督新教	7	依據患者意願推薦駐院基督新教宗教師介入服務	2	1
2020 年 10 月 6 日	L5	DXX, S	男	36	白人	英語	天主教背景；多元宗教練習	4	心性/靈性關懷；佛教諮詢；呼吸禪法指導以及天主教疾病療癒禱告		1
2020 年 10 月 6 日	M4	PXX, C	男	87	白人	英語	基督新教北浸信會	31	臨終關懷		1
2020 年 10 月 6 日	M4	AXX, D	男	83	白人	英語	基督新教長老會	17	臨終靈性關懷，家屬陪伴與禱告	2	1
2020 年 10 月 6 日	B3	AXX, A	男	49	拉丁移民	西班牙語	天主教	10	靈性關懷與癒病禱告		1
2020 年 10 月 6 日	ED/CDU	DXX, J	男	54	白人	英語	基督新教長老會	7	靈性關懷；《聖經》腓立比書章 4:1-23 閱讀、討論與禱告		1
2020 年 10 月 6 日	J5	GXX, R	女	32	白人	英語	基督新教	21	依據患者意願推薦駐院基督新教宗教師介入服務		1
2020 年 10 月 6 日	B3	PXX, T	女	56	拉丁移民	西班牙語	天主教	6	宗教諮詢；靈性關懷；天主教臨終詩篇 23 過渡禱告	1	1
2020 年 10 月 6 日	K6	MXX, L	男	63	韓裔	英語	基督新教	19	提供殯儀館信息，家屬陪伴與靈性關懷	3	1
2020 年 10 月 7 日	K7	OXX, B	女	37	白人	英語	基督新教福音派	11	提供宗教師部門服務信息；感受與情緒支持	1	1
2020 年 10 月 11 日	M4	DXX, F	男	79	白人	英語	基督新教長老會背景；多元宗教練習	14	臨終關懷		1
2020 年 10 月 13 日	B3	BXX, A	男	34	拉丁美裔	英語	天主教	5	宗教諮詢；靈性關懷；天主教疾病療癒禱告		1
2020 年 10 月 13 日	B3	DX, M	女	80	中國移民	漢語	無宗教	10	提供宗教師部門服務信息		1

日期										
2020 年 10 月 14 日	M4	IXX, P	女	60	白人	英語	基督新教	3	宗教諮詢《聖經》詩篇 38:1-22；靈性關懷與禱告		1
2020 年 10 月 14 日	M4	DXX, D	男	74	白人	英語	基督新教	13	感受與情緒支持		1
2020 年 10 月 14 日	M4	CXX, J	男	76	白人	英語	無宗教/個體靈修	6	感受與情緒支持	1	1
2020 年 10 月 17 日	B2	BXX, L	女	79	白人	英語	基督新教	2	《聖經》詩篇 41:10-16 閱讀、討論與靈性關懷	1	1
2020 年 10 月 17 日	E3	LXX, L	女	69	中國移民	漢語	漢傳佛教	7	佛教諮詢與心性關懷		
2020 年 10 月 17 日	E2	GXX, E	男	35	拉丁美裔	英語	天主教	15	臨終關懷；家屬陪伴；神學諮詢《聖經》詩篇 119: 145-160 與禱告	1	1
2020 年 10 月 17 日	B3	PXX, W	男	57	白人	英語	基督新教	1	靈性關懷；宗教師部門信息介紹	1	1
2020 年 10 月 20 日	M4	BXX, S	男	42	白人	英語	無宗教意向/個體靈修	9	心性關懷；佛教諮詢與《藥師咒》七遍	1	1
2020 年 10 月 20 日	K7	PXX, E	男	65	白人	英語	基督新教背景/個體靈修	3	佛教諮詢；禪修指導；《聖經•馬太福音》耶穌治病神跡探討與禱告		
2020 年 10 月 20 日	M4	TXX, Y	男	47	中國移民	粵語	粵東民俗信仰	5	心性關懷；文化與宗教諮詢	1	1
2020 年 10 月 20 日	B3	CXX, V	男	71	印度移民	英語	印度教	4	佛教諮詢；心性關懷；禪修指導；印度教禱告	1	1
2020 年 10 月 21 日	K7	KXX, C	男	37	白人	英語	無宗教意向	27	心性關懷；宗教師部門信息介紹	1	1
2020 年 10 月 21 日	L5	MXX, S	男	72	白人	英語	基督新教	40	靈性關懷		1
2020 年 10 月 21 日	B3	GXX, N	男	31	白人	英語	無宗教意向/個體靈修	6	心性/靈性關懷；宗教師部門信息介紹	1	1
2020 年 10 月 22 日	K6	RXX, S	女	65	白人	英語	天主教	4	神學諮詢（關於教宗如何看待同性結婚）；靈性關懷以及禱告		1

日期	地點	姓名	性別	年齡	族裔	語言	宗教	次數	服務內容		
2020 年 10 月 22 日	L6	MXX, J	男	49	拉丁美裔	英語	天主教	11	神學諮詢；靈性關懷；禱告		1
2020 年 10 月 22 日	EDC	BXX, M	男	60	俄羅斯移民	俄語	東正教	2	臨終關懷	2	1
2020 年 10 月 27 日	B3	PXX, W	男	37	白人	英語	基督新教	7	靈性關懷；宗教師部門信息介紹		1
2020 年 10 月 27 日	B3	CXX, T	男	43	白人	英語	天主教	1	靈性關懷與禱告		1
2020 年 10 月 27 日	B3	GXX, N	男	52	白人	英語	基督新教南侵洗會	3	靈性關懷；宗教師部門信息介紹		1
2020 年 10 月 27, 29 日	B3	LXX, Q	男	70	中國移民	漢語	無宗教	5	臨終關懷；家屬悲傷處理	2	2
2020 年 10 月 27 日	M4	RXX, M	男	69	白人	英語	基督新教	2	靈性關懷；宗教師部門信息介紹		1
2020 年 10 月 27 日	K7	SXX, Z	女	51	白人	英語	基督新教	9	靈性關懷；宗教師部門信息介紹		1
2020 年 10 月 27 日	K7	TXX, M	女	39	白人	英語	天主教	6	靈性關懷與禱告		1
2020 年 10 月 27 日	B3	WXX, L	女	73	中國移民	漢語	無宗教	4	心性關懷；宗教師部門信息介紹	1	1
2020 年 10 月 28 日	L5	VX, P	女	56	越南移民	越語	越南佛教	1	佛教諮詢；心性關懷；以及唱誦《藥師咒》七遍	1	1
2020 年 10 月 28 日	L5	LXX, K	女	27	菲律賓美裔	英語	天主教	4	靈性關懷；宗教師部門信息介紹	1	1
2020 年 10 月 28 日	M4	SXX, S	男	34	白人	英語	基督新教	3	神學諮詢（為何上帝讓災難發生在她先生身上？）；靈性關懷；禱告手術順利	1	1
2020 年 10 月 28 日	K7	SXX, G	男	76	白人	英語	基督新教長老會	9	靈性關懷與神學諮詢		1
2020 年 10 月 29, 11 月 3 日	B3	KXX, Y	男	69	中國移民	粵語	基督新教	14	依據患者及家屬意願推薦駐院基督新教宗教師介入服務	1	2
2020 年 10 月 29 日	B3	NXX, N	女	54	越南移民	英語	越南佛教	2	佛教諮詢；禪修指導；心性關懷		1
2020 年 10 月 29 日	B3	MXX, V	男	66	白人	英語	天主教	4	靈性關懷與禱告；神學諮詢	1	1
2020 年 10 月 30 日	E3	DXX, R	女	48	拉丁美裔	英語	天主教	12	依據患者意願推薦駐院天主教神父介入服務		1

日期	病房	姓名	性別	年齡	族裔	語言	宗教		備註		
2020 年 10 月 30 日	L5	DXX, F	女	57	白人	英語	天主教	1	依據患者意願推薦駐院天主教神父介入服務		1
2020 年 10 月 30 日	B2	BXX, C	男	29	拉丁美裔	英語	天主教	4	靈性關懷與禱告		1
2020 年 10 月 30 日	M6	CXX, J	男	55	白人	英語	基督新教	7	靈性關懷與禱告		1
2020 年 10 月 30 日	L6	PXX, A	女	60	白人	英語	基督新教	3	靈性關懷與禱告		1
2020 年 10 月 30 日	K4	MXX, T	女	82	白人	英語	無宗教	5	患者死亡文件處理（家屬拒絕見宗教師）		1
2020 年 10 月 30 日	E1	LXX, A	女	43	白人	英語	基督新教	37	患者死亡文件處理，提供殯儀館信息，家屬陪伴；靈性關懷以及禱告	2	1
2020 年 10 月 30 日	E2	WXX, M	女	74	白人	英語	基督新教長老會背景/個體靈修	11	臨終關懷；家屬陪伴與禱告	1	1
2020 年 10 月 30 日	K7	NXX, S	女	46	印度移民	英語	錫克教	6	神學諮詢；靈性關懷與禱告	1	1
2020 年 11 月 3 日	L5	TXX, Y	女	98	中國移民	英語	基督新教	9	靈性關懷	1	1
2020 年 11 月 3 日	L5	CXX, S	女	48	泰國移民	英語	南傳佛教	10	佛教諮詢；心性關懷；禪修指導；巴利文三皈依五戒唱誦		
2020 年 11 月 3 日	L5	SXX, D	男	68	菲律賓美裔	英語	天主教	7	靈性關懷與禱告	1	1
2020 年 11 月 3 日	M4	IXX, M	男	70	拉丁移民	西班牙語	猶太教背景/無宗教	4	家屬陪伴與《生前預囑》文件填寫指導	1	1
2020 年 11 月 3 日	L5	LXX, D	男	35	白人	英語	無宗教	1	《生前預囑》文件填寫指導		1
2020 年 11 月 3 日	L5	GXX, C	女	74	白人	英語	無宗教	2	心性關懷；感受與情緒支持		1
2020 年 11 月 3 日	B3	LXX, F	女	81	中國移民	英語	無宗教	6	心性關懷	1	1
2020 年 11 月 4 日	M4	DXX, T	女	30	非裔	英語	基督新教	9	靈性關懷		
2020 年 11 月 4 日	K7	JXX, K	女	87	日裔	英語	神道教	4	心性/靈性關懷；宗教師部門信息介紹	1	1

日期	單位	姓名	性別	年齡	族裔	語言	宗教	次數	服務內容		
2020 年 11 月 4 日	K7	BXX, S	男	39	中國移民	漢語	無宗教	4	心性關懷	1	1
2020 年 11 月 5 日	K5	HXX, M	男	55	拉丁美裔	英語	天主教	14	宗教諮詢；靈性關懷與禱告		1
2020 年 11 月 5 日	LPCH S/ PICU	PXX, T	男	12	老撾移民	寮語	南傳佛教	7	家屬悲傷與死亡文件處理；佛教諮詢；心性關懷；巴利文三皈五戒唱誦	1	1
2020 年 11 月 6 日	C1	LXX, S	男	56	白人	英語	基督新教	1	《生前預囑》文件填寫指導		1
2020 年 11 月 6 日	LPCH S	JXX, C	女	0.7	白人	/	天主教	3	心血管搭橋手術前禱告	1	1
2020 年 11 月 14 日	K4	CXX, W	男	78	非裔	英語	基督新教	8	靈性關懷與情緒支援（抑鬱症）		1
2020 年 11 月 14 日	K4	GXX, S	女	54	白人	英語	無宗教	19	於單位護士交流具體情況，死亡文件處理，無家屬（電話妹妹）到訪，大體從所在單元轉至屍檢部（Release to Coroner）		2
2020 年 11 月 15 日	B1	SXX, E	女	63	拉丁美裔	英語	基督新教	11	靈性關懷；患者人生重要事件回顧（家庭張力，父母關係，父母死亡對其影響，繼父虐待）；《聖經》詩篇41章閱讀與禱告		1
2020 年 11 月 17 日	B3	VXX, K	女	36	印第安	英語	基督新教末世聖徒教會	13	出院前探訪；靈性關懷；禱告		1
2020 年 11 月 17 日	M4	LXX, H	男	30	白人	英語	無宗教	6	心性關懷；宗教師部門信息介紹	1	1
2020 年 11 月 17 日	M4	DXX, V	男	29	非裔	英語	天主教	26	靈性關懷；宗教師部門信息介紹	1	1
2020 年 11 月 17 日	L5	KXX, S	男	69	印度移民	旁遮普語	錫克教	2	靈性關懷；宗教師部門信息介紹		1
2020 年 11 月 17 日	L5	FXX, J	女	84	白人	英語	天主教	17	宗教諮詢；靈性關懷與禱告		1
2020 年 11 月 17 日	K7	DXX, M	女	52	拉丁美裔	英文	天主教	2	宗教諮詢；靈性關懷；家庭重要事件分享與禱告		2

日期	房號	姓名	性別	年齡	族裔	語言	宗教		服務內容		
2020年11月17日	B3	GXX, R	男	82	白人	英語	天主教	8	靈性關懷；宗教師部門信息介紹		1
2020年11月17日	M4	CXX, M	女	69	白人	英語	無宗教	7	患者病危無法交流，電話聯繫家人作家屬安撫與禱告	1	1
2020年11月18日	L5	MXX, H	女	76	白人	英語	無宗教	27	心性關懷；宗教師部門信息介紹	1	1
2020年11月18日	K7	ZXX, S	男	62	中國移民	漢語	無宗教	2	心性關懷；宗教師部門信息介紹	1	1
2020年11月18日	K7	TXX, M	女	47	越南移民	越語	越南佛教	1	佛教教義諮詢以及心性關懷		
2020年11月18日	B3	HXX, Z	女	79	非裔	英語	基督新教	13	靈性關懷與禱告		
2020年11月18日	B3	VXX, D	女	61	印度移民	印地語	印度教	5	心性/靈性關懷；宗教師部門信息介紹	1	1
2020年11月19日，23日	M4	GXX, W	男	91	白人	英語	天主教	2	依據患者意願推薦駐院天主教神父介入服務	5	2
2020年11月19日	M4	VXX, B	女	73	白人	英語	無宗教	1	患者病危無法交流，電話聯繫家屬安撫與禱告		
2020年11月19日	M4	RXX, R	女	56	白人	英語	基督新教家庭背景/個人無宗教	1	照護與協助家屬患者進入死亡前的安寧療護	4	
2020年11月19日	L5	CXX, D	女	85	白人	英語	基督新教福音派	2	依據患者意願推薦駐院基督新教教師介入服務		
2020年11月19日	L5	SXX, T	男	71	白人	英語	無宗教	27	心性關懷；宗教師部門信息介紹	1	1
2020年11月19日	B3	AXX, F	男	91	白人	英語	無宗教	6	心性關懷；宗教師部門信息介紹	1	1
2020年11月19日	B3	RXX, R	男	97	拉丁移民	西班牙語	天主教	2	依據患者意願推薦駐院天主教神父介入服務		
2020年11月20日	K4	MXX, J	男	57	拉丁移民	西班牙語	天主教	5	殯儀館人員至醫院運走大體，文件簽字放行大體		
2020年11月20日	B2	VXX, R	男	47	拉丁移民	西班牙語	天主教	15	心靈關懷，並依據患者要求推薦駐院天主教神父介入患者告解		1
2020年11月21日	J4	DXX, E	男	59	拉丁美裔	英語	無宗教	7	家屬悲傷與死亡文件處理		

日期	房號	姓名	性別	年齡	族裔	語言	宗教	次數	內容		
2020 年 11 月 23 日	E2	NXX, A	女	70	日本移民	日語	日蓮宗創價學會	15	佛教臨終關懷（稱「南無妙法蓮華經」名三遍，誦《心經》一遍，《往生咒》三遍）；家屬悲傷照護；死亡文件處理；以及提供殯儀館火化信息	3	1
2020 年 11 月 23 日	M6	NXX, S	男	64	白人	英語	無宗教	7	心性關懷		1
2020 年 11 月 25 日	K7	GXX, T	女	71	白人	英語	基督新教長老會	9	拒絕探訪	1	1
2020 年 11 月 25 日	K7	NXX, T	女	63	越南移民	越語	無宗教	20	情緒照護與心性關懷		1
2020 年 11 月 25 日	K7	MXX, J	男	79	白人	英語	其他宗教	18	心性關懷		1
2020 年 11 月 25 日	K7	AXX, M	女	53	拉丁美裔	英語	基督新教	15	情緒照護；靈性關懷與宗教師部門信息介紹		1
2020 年 11 月 25 日	K7	TXX, R	男	72	白人	英語	猶太教	5	情緒照護；靈性關懷與宗教師部門信息介紹	1	1
2020 年 11 月 25 日	L5	JXX, V	女	58	拉丁美裔	英語	天主教	31	靈性關懷與宗教師部門信息介紹		1
2020 年 11 月 25 日	L5	RXX, J	男	67	白人	英語	無宗教	12	心性關懷與宗教師部門信息介紹		1
2020 年 11 月 25 日	F3	LXX, H	男	30	白人	英語	無宗教	14	宗教師部門信息介紹	1	1
2020 年 11 月 25 日	M4	DXX, B	女	35	白人	英語	無宗教	1	宗教師部門服務信息介紹	1	1
2020 年 11 月 25 日	M4	NXX, R	男	61	白人	英語	其他宗教	11	心性關懷		1
2020 年 11 月 25 日	M4	HXX, D	男	68	白人	英語	天主教	6	靈性關懷		1
2020 年 11 月 25 日	M4	SXX, A	男	95	白人	英語	伊斯蘭教	3	拒絕探訪		
2020 年 11 月 26 日	E2	NXX, C	女	77	越南移民	越語	越南佛教	12	佛教諮詢；臨終關懷；稱念彌陀佛號40分鐘，《往生咒》三遍；家屬悲傷與死亡文件處理	4	1
2020 年 11 月 26 日	E2	RXX, K	女	59	白人	英語	基督新教	6	疑似新冠患者，通過電話情緒安撫與禱告		1

| 2020年11月26日 | H1 | GXX, R | 男 | 67 | 白人 | 英語 | 日真言宗 | 9 | 佛教教義（四諦、八正道，龍樹俗真二諦與中觀）諮詢；心性關懷與情緒疏導 | 1 |

SAMPLE LOG	W3	W4	W5	W6	**W7**	W8	W9

CLINICAL DATA LOG: Unit 1, Week 7

Clinical Week Start Date: Sunday, 10/19/2020

Name: XXXXXXhen

Clinical Week End Date: Saturday, MM/DD/YYYY   10/23/20

Reviewed on:

	ENCOUNTER INFORMATION							SERVICES PROVIDED									NOTES	TIME
Date	On-Call (ONC)	Unit	Pt. Initials	Type of Encou	Conta from:	Refern made to:	# Famil	# Staf	Emoti Suppo	Prayer or Medit	Sacran or Ritual	Tea for the Soul	Deced Care	Devot Mater	Advan Direct	Servic Recov	Long Length of Stay-LLOS	Wayfi	Notes	Total Min
10/20																			met with preceptor	25
10/20																			met with I Raksha and Paul to discuss spical events for Spiritual Week	30
10/20		B3																	Met with unit patient care manager	15
10/21		K7																	Interdisciplinary Rounds	25
10/21		L5																	Interdisciplinary Rounds	30

CLINICAL DATA LOG: Unit 2, Week 13   1

Clinical Week Start Date: Sunday, 11/30/2020

Name: XXXXXXhen

Clinical Week End Date: Saturday, MM/DD/YYYY   12/5/20

Reviewed on:

	ENCOUNTER INFORMATION							SERVICES PROVIDED									NOTES	TIME
Date	On-Call (ONC)	Unit	Pt. Initials	Type of Encou	Conta from:	Refern made to:	# Famil	# Staf	Emoti Suppo	Prayer or Medit	Sacran or Ritual	Tea for the Soul	Deced Care	Devot Mater	Advan Direct	Servic Recov	Long Length of Stay-LLOS	Wayfi	Notes	Total Min
11/30																			Paul A and I called Charles, I , and B to discuss the holidays Chanukah, Christmas, and Kwanzaa (with)	150
12/1		H2																	E found out the staff in H2 who wants a Buddhist blessing prayers and discussed with this	20

Date	On-Call (ONC)	Unit	Pt. Initials	Type of Encou	Conta from:	Refern made to:	# Famil	# Staf	Emoti Suppo	Prayer or Medita	Sacram or Ritual	Tea for the Soul	Deced Care	Devot Mater	Advan Direct	Servic Recov	Long Length of Stay-LLOS	Wayfi	Notes	Total Min
12/15																			Met with Paul and R___ and contacted food service A___ and critical care pool A___ for final arragement of Christmas Celebration	30
12/15																			Christmas Celebration	60
12/15																			Meeting with Pual, K___, and A___ Ho for BEAM Team Kwanzza celebration	35
12/16	ONC	K7																	Interdisciplinary Rounds	30
12/16	ONC	L5																	Interdisciplinary Rounds	30
12/18		K7																	Interdisciplinary Rounds	30
12/18																			Kwanzza meeting	45

CLINICAL DATA LOG: Unit 2, Week 2

Clinical Week Start Date: Sunday, 12/8/2020   Clinical Week End Date: Saturday, MM/DD/YYYY   12/12/20

Reviewed on:

	ENCOUNTER INFORMATION								SERVICES PROVIDED										NOTES	TIME
Date	On-Call (ONC)	Unit	Pt. Initials	Type of Encou	Conta from:	Refern made to:	# Famil	# Staf	Emoti Suppo	Prayer or Medita	Sacram or Ritual	Tea for the Soul	Deced Care	Devot Mater	Advan Direct	Servic Recov	Long Length of Stay-LLOS	Wayfi	Notes	Total Min
12/8		F3																	Unit Blessing	45
12/8																			Team meeting for Christmas, L___, K___ C___, R___, Paul A.	120
12/8																			Meeting with A___	30
12/8																			Meeting with C___, R___ and I___ in person	30
12/8																			Meeting with K___ and Paul A.	60
12/9																			met with Paul A working on Christmas' flyer	35

Date	On-Call (ONC)	Unit	Pt. Initials	Type of Encou	Contac from:	Refern made to:	# Family	# Staf	Emoti Suppo	Prayer or Medita	Sacram or Ritual	Tea for the Soul	Decea Care	Devot Mater	Advan Direct	Servic Recov	Length of Stay-LLOS	Wayfi	Notes	Total Min
1/11		K7																	Interdisciplinary Rounds	20
1/11		L5																	Interdisciplinary Rounds	15
1/12		K7																	Interdisciplinary Rounds	40
1/13		M4																	Interdisciplinary Rounds	30
1/13																			Lunar New Year Celebration meeting with D▮	50
1/15																			Mortuary staff D▮ called for a covid-19 positive pt remain releasing inquiery. Contacted S▮ and had S▮ called back to the staff.	20

CLINICAL DATA LOG: Unit 2, Week 4

Name: X▮X▮X▮hen

Clinical Week Start Date: Sunday, 12/20/2020

Clinical Week End Date: Saturday, MM/DD/YYYY   12/27/20

Reviewed on:

ENCOUNTER INFORMATION									SERVICES PROVIDED										NOTES	TIME
Date	On-Call (ONC)	Unit	Pt. Initials	Type of Encou	Contac from:	Refern made to:	# Family	# Staf	Emoti Suppo	Prayer or Medita	Sacram or Ritual	Tea for the Soul	Decea Care	Devot Mater	Advan Direct	Servic Recov	Long Length of Stay-LLOS	Wayfi	Notes	Total Min
12/22							84												Kwanzza Celebration	75

SAMPLE LOG			W1		W2		W3		W4		W5		W6	W7	
3/23					2								Meeting with IT █████ for Good Friday	30	
3/24		K7											Interdisciplinary Rounds	30	
3/24		L5											Interdisciplinary Rounds	30	
3/25	ONC				1								Called █████ for Staff support request	10	

SAMPLE LOG			W1		W2		W3		W4		W5		W6	W7	
1/18	ONC												Johnson Funeral Home called in	15	
1/19					4								Meeting with Paul, ███ L█ and █ for Lunar New Year event. Called S█ and N█	120	
1/20	ONC				5								Called S█, X█ met █ discussed with A█ about the Lunar New Year event.	150	
1/20	ONC	K7											Interdisciplinary rounds	30	
1/20	ONC	L5											Interdisciplinary rounds	25	
1/20	ONC	M4											Interdisciplinary rounds	30	
1/22		K7											Interdisciplinary rounds	30	
1/22		L5											Interdisciplinary rounds	30	
1/22					6								Meeting for Lunar New Year event.	65	

參考文獻

一、佛教典籍

（苻秦）曇摩難提譯《增壹阿含經》，《大正藏》第 2 冊。

（後秦）鳩摩羅什譯：《大智度論》，《大正藏》第 25 冊。

（後秦）鳩摩羅什譯：《佛遺教經》，《大正藏》第 12 冊。

（東晉）僧伽提婆譯：《中阿含經》，《大正藏》第 1 冊。

（劉宋）求那跋陀羅譯：《雜阿含經》，《大正藏》第 2 冊。

（唐）玄奘：《大唐西域記》，《大正藏》第 51 冊。

（唐）惟信：《指月錄》，《卍續藏經》第 83 冊。

（北宋）普明：《牧牛圖頌》，《嘉興大藏經選錄》第 23 冊。

二、中文論著

李強、鄭路編著：《應用社會學》，2019 年第 3 版，中國人民大學出版社。

【美】莫妮卡‧桑弗與內森‧吉辛‧邁肯：〈佛教宗教師的職業核心職能與當代世界區域分佈〉，振冠譯，《佛學研究》，2021 年第 2 期，第 372-197 頁。

能仁、振冠：〈太虛「佛教宗教師」理念——略論僧信建制與當代北美佛教宗教師專業〉，《北大佛學》，北京社會科學文獻出版社，2020 年第 2 輯，第 175-196 頁。

釋普安、洪壽宏、黃建勳、彭仁奎、游碧真、陳慶餘：〈居家善終靈性照顧〉，《安寧療護雜誌》，臺灣 2011 年 3 月第 1 期 16 卷，第 82-94 頁。

魏德東：〈漢傳佛教的新探索——漢傳佛教傳教師制度的建立與實踐〉，《法音》，北京中國佛教協會，2017 年第 7 期，第 45-48 頁。

振冠：〈北美佛教宗教師概念綜述〉，《佛學研究》，2018 年 2 期，第 86-93 頁。

振冠：〈北美佛教宗教師實踐規範初探——倫理準則、法律依據與能力界限〉，《佛學研究》，北京佛教研究所，2020 年第 1 期，第 316-339 頁。

三、英文論著

Ashley, Willard W.C. "Counseling and Intervention." in *Professional Spiritual & Pastoral Care: A Practical Clergy and Chaplain's Handbook,* ed., pp.119-131, by Rabbi Stephen B. Roberts, Woodstock: Skylight Paths Publishing, 2012.

Association of Professional Chaplains, *Code of Ethics for Professional Chaplains,* IL: APC, September 2000.

Berlin, Christ. "Widening the Circle: Engaged Bodhicitta in Hospital Chaplaincy." in *The Arts of Contemplative Care: Pioneering Voices in Buddhist Chaplaincy and Pastoral Work*, ed., pp.81-91, by Cheryl A. Giles and Willa B. Miller, Boston: Wisdom Publications, 2012.

Berscheid, Ellen S., and Pamela C. Regan. *Psychology of Interpersonal Relationships*, NY: Routledge, 2016.

Bidwell, Duane R. "Deep Listening and Virtuous Friendship: Spiritual Care in the Context of Religious Multiplicity." in *Buddhist-Christian Studies,* eds., pp.3-13, by Thomas Cattoi and Carol Anderson, HI: University of Hawai'i Press, 2015, Vol. 35.

Brinsfield, John W. *Encouraging Faith, Supporting Soldiers: The United States Army Chaplaincy, 1975-1995*. Washington, DC: Office of the Chief of Chaplains, Department of the Army, 1997, pt.1.

Bunting, Ian D. "Practical Theology and Pastoral Training." *Evangelical Review of Theology*, 4 *(2),* 1980, p.116-122.

Burt, Martha., Lisa Newmark, Mary Norris, Daryl Dyer & Adele Harrell. *The Violence Against Women Act of 1994: Evaluation of the STOP Block Grants to Combat Violence against Women*. DC: Urban Institute, 1996.

Cadge, Wendy. "Healthcare Chaplaincy as a Companion Profession: Historical Development." *Journal of Health Care Chaplaincy,* 2018, p.1-16.

Cadge, Wendy., Irene Elizabeth Stroud, Patricia K. Palmer, George Fitchett, Trace Haythorn & Casey Clevenger. "Training Chaplains and Spiritual Caregivers: The Emergence and Growth of Chaplaincy Programs in Theological Education." *Pastoral Psychology, 2020, 69*, pp.187-208.

Campbell, Alastair V. "Is Practical Theology Possible?" *Scottish Journal of Theology*, 25*(2),* 1972, pp.217-227.

Campbell, Robert Chodo. "The Turning of the Dharma Wheel in Its Many Forms." in *The Arts of Contemplative Care: Pioneering Voices in Buddhist Chaplaincy and Pastoral Work*, ed., pp.73-80, by Cheryl A. Giles and Willa B. Miller, Boston: Wisdom Publications, 2012.

Carmeli, Abraham., Daphna Brueller, and Jane E. Dutton. "Learning Behaviours in the Workplace: The Role of High-quality Interpersonal Relationships and Psychological Safety." *Systems Research and Behavioral Science, 26(1)*, 2009, pp.81-98.

Carrie, Doehring. *The Practice of Pastoral Care: A Postmodern Approach*, KY: Westminster John Knox Press, 2005.

Clinebell, Howard., and Bridget Clare McKeever, 3rd ed. *Basic Types of Pastoral Care & Counseling*. TN: Abingdon Press, [1966] 2011.

Cress, Mark. *The Complete Corporate Chaplain's Handbook*. US: Lanphier Press, 2006.

Doehring, Carrie. *The Practice of Pastoral Care: A Postmodern Approach*.

Louisville, KY: Westminster John Knox Press, 2015.

Donovan, D. W. "Assessments," in *Professional Spiritual & Pastoral Care: A Practical Clergy and Chaplain's Handbook*, ed., pp.64-87, by Rabbi Stephen B. Roberts, Woodstock: Skylight Paths Publishing, 2012.

Duke, James., and Howard Stone. "An Orientation." In *Christian Caring: Selections from Practical Theology [by Friedrich Schleiermacher]*, trans., pp.13-14, by James Duke and Howard Stone Philadelphia: Fortress Press, 1988.

Fisher, Danny. *Benefit Beings!: The Buddhist Guide to Professional Chaplaincy*. CA: Off Cushion Books, 2013.

Fitchett, George. *Assessing Spiritual Need: A Guide for Caregivers*. Minnesota: Augsburg/Fortress Press, 1993.

Fitchett, George and Andrea L. Canada. "The Role of Religion/Spirituality in Coping with Cancer: Evidence, Assessment, and Intervention." in *Psycho-oncology*, 2nd ed., pp.440-446, by Jimmie C. Holland, New York: Oxford University Press, 2010.

Fowler, James W. *Faith Development and Pastoral Care*. Philadelphia: Fortress Press, 1987.

Gall, Terry. "Spirituality and Coping with Life Stress among Adult Survivors of Childhood Sexual Abuse." *Child Abuse & Neglect, 2006, 30(7)*, pp.829-844.

Gall, Terry., Viola Basque, Marizete Damasceno-Scott & Gerard Vardy, "Spirituality and the Current Adjustment of Adult Survivors of Childhood Sexual Abuse," *Journal for the Scientific Study of Religion, 2007, 46*(1), pp.101-117.

Galtung, Johan. "Violence, Peace, and Peace Research." *Journal of Peace Research, 6(3)*, 1969, pp. 167–191.

Gauthier, Tina J. "Sickness and Hospital Visitation," in *A Thousand Hands: A Guidebook for Caring for Your Buddhist Community*, pp. 67-73, Nathan Jishin Michon and Daniel Clarkson Fisher ed., ON: Sumeru Press, 2016.

Giles, Cheryl A., and Willa B. Miller ed. *The Arts of Contemplative Care: Pioneering Voices in Buddhist Chaplaincy and Pastoral Work*. Boston: Wisdom Publications, 2012.

Gill, Robin. "The Future of Practical Theology." *Theological Investigations, 56(1)*, 1977, pp.17-22.

Graham, Elaine L., Heather Walton, and Frances Ward. *Theological Reflection: Methods*. London: SCM Press, 2005.

Grof, Christina and Stanislav Grof. *The Stormy Search for the Self: Understanding and Living with Spiritual Emergency*. UK: Mandala, 1991, pp.1-30.

Gutierrez, Norma. "Cultural Competencies." in *Professional Spiritual & Pastoral Care: A Practical Clergy and Chaplain's Handbook,* ed. pp.407-420, by Rabbi Stephen B. Roberts, Woodstock: Skylight Paths Publishing, 2012.

Handzo, George F., Kevin J. Flannelly, Taryn Kudler, Sarah L. Fogg, Stephen Harding, Yusuf H. Hasan, A Meigs Ross & Bonita E. Taylor, "What do chaplains really do? II. Interventions in the New York Chaplaincy Study." *Journal of Health Care Chaplaincy, 14(1)*, 2008, pp.39-56.

Heitink, Gerben. *Practical Theology: History, Theory and Action Domains*. MI:

Eerdmans, 1999.

Hirsch, Judi Jinpu. "The Four Noble Truths as a Framework for Contemplative Care." in *The Arts of Contemplative Care: Pioneering Voices in Buddhist Chaplaincy and Pastoral Work*, ed., pp.56-63, by Cheryl A. Giles and Willa B. Miller, Boston: Wisdom Publications, 2012.

Jackson, Cari. *The Gift to Listen, the Courage to Hear*. Minneapolis: Augsburg Fortress, 2003.

Kidd, Robert A. "Foundational Listening and Responding Skills." in *Professional Spiritual & Pastoral Care: A Practical Clergy and Chaplain's Handbook*, ed., pp.92-105, by Rabbi Stephen B. Roberts, Wood stock: Skylight Paths Publishing, 2012.

Kinst, Daijaku J. "Cultivating an Appropriate Response: Educational Foundations for Buddhist Chaplains and Pastoral Care Providers." in *The Arts of Contemplative Care: Pioneering Voices in Buddhist Chaplaincy and Pastoral Work*, ed., pp.9-14, by Cheryl A. Giles and Willa B. Miller, Boston: Wisdom Publications, 2012.

Kirkwood, Neville A. *Pastoral Care in Hospitals,* Nashville: Morehouse Publishing, 2005.

Klink, Thomas W. "The Referral: Helping People Focus Their Needs." *Pastoral Psychology*, 1962, *13(9)*, pp.10-15.

Koenig, Harold., Harold George Koenig, Dana King & Verna B. Carson, *Handbook of Religion and Health*, NY: Oxford University Press, 2012.

Koshkin Paley Ellison. "The Jeweled Net: What Dogen & the Avatamsaka Sutra Can Offer us as Spiritual Caregivers." in *The Arts of Contemplative Care: Pioneering Voices in Buddhist Chaplaincy and Pastoral Work*, ed., pp.93-103, by Cheryl A. Giles and Willa B. Miller, Boston: Wisdom Publications, 2012.

LeMay, Katerine and Keith G Wilson, "Treatment of existential distress in life threatening illness: a review of manualized interventions." *Clin Psychol Rev, 2008, 28(3)*, pp.472–493.

Loder, James E. "Theology and Psychology." in *Dictionary of Pastoral Care and Counseling*, ed., pp. 1267-70, by Rodney J. Hunter, Nashville: Abingdon, 1990.

Monett, Mikel Ryuho. "The Way of the Chaplain: A Model Based on a Buddhist Paradigm." in *The Arts of Contemplative Care: Pioneering Voices in Buddhist Chaplaincy and Pastoral Work*, ed. pp.105-110, by Cheryl A. Giles and Willa B. Miller, Boston: Wisdom Publications, 2012.

Moffitt, Phillip. *Emotional Chaos to Clarity: Move from the Chaos of Reactive Mind to the Clarity of the Responsive Mind*. NY: Penguin Group, 2012.

Oates, Wayne E. *Protestant Pastoral Counseling*. Philadelphia: Westminster Press, 1974.

O'Brien, Corey F. "Ethic Training for Professional Chaplains in the United States." in *Medical Ethics in Health Care Chaplaincy: Essays*, pp.13-32, ed. by Walter Moczynski, Hille Haker and Katrin Bentele. Germany: Lit Verlag, 2009.

Osmer, Reichard R. *Practical Theology: An Introduction*. MI: Eerdmans, 2008.

Osmer, Reichard R. "Practical theology: A Current International Perspective." *HTS Teologiese Studies/ Theological Studies*, 2011, *67(2)*, pp.1-7. doi:10.4102/hts.v67i2.1058

Page, Naomi t & Janet McCormack, *The Work of the Chaplain*, PA: Judson Press, 2006.

Perbish, Charles S and Martin Baumann, ed. *Western Dharma: Buddhism beyond Asia*. Berkeley: University of California Press, 2002.

Power, Mark. "Buddhist Chaplaincy in a Christian Context: A Personal Journey." in *The Arts of Contemplative Care: Pioneering Voices in Buddhist Chaplaincy and Pastoral Work*, ed., pp.63-71, by Cheryl A. Giles and Willa B. Miller, Boston: Wisdom Publications, 2012.

Puchalski, Christina M. "The role of spirituality in health care." *BUMC Proceeding, 14(4)*, 2001, pp.352-7.

Roberts, Stephen B., ed. *Professional Spiritual & Pastoral Care: A Practical Clergy and Chaplain's Handbook*. Woodstock: Skylight Paths Publishing, 2012.

Sanford, Monica. *Kalyāṇamitra: A Model for Buddhist Spiritual Care*. ON: Sumeru Press, 2021.

Sanford, Monica., Elaine Yuen, Hakusho Johan Ostlund, Alex Baskin, and Cheryl Giles. Mapping Buddhist Chaplains in North America." January 10, 2022, unpublished doc.

Sanford, Monica. "The Practice of Dharma Reflection among Buddhist Chaplains: A Qualitative Study of 'Theological' Activities among Nontheocentric Spiritual Caregivers." Ph.D Dissertation, Claremont School of Theology, January 15, 2018.

Shields, Michele., Ellison Kestenbaum & Laura B. Dunn. "Spiritual AIM and the work of the chaplain: A model for assessing spiritual needs and outcomes in relationship." *Palliative and Supportive Care*, 2015, 13, pp.75-89.

Sinsky, Christine A., Roger L. Brown, Martin J. Stillman and Mark Linzer. "COVID-Related Stress and Work Intentions in a Sample of US Health Care Workers." *Mayo Clinic Proc Inn Qual Out, 2021, 5(6)*, pp.1165-1173.

Stratton, Edward K. "The Chaplain's Role in Pain Management." *The CaregiverJournal, 4(2)*, 1987, pp.129-136.

Sullivan, Winnifred Fallers. *A Ministry of Presence: Chaplaincy, Spiritual Care, and the Law*. Chicago: The University of Chicago Press, 2014.

The Constituent Boards of the Council on Collaboration. *Common Code of Ethics for Chaplains, Pastoral Counselors, Pastoral Educators and Students*. OR: CBCC, November 7, 2004.

The Holy Bible. *King James Version*. TX: Brown Books Publishing, 2004.

The World Book Encyclopedia. *About America: The Constitution of the United States of America with Explanatory Notes*. IL: World Book, 2004.

Todd, Andrew. "Responding to Diversity: Chaplaincy in a Multi-faith Context." in *Being a Chaplain*, eds., pp.89–102, by M. Threlfall-Holmes and M. Newitt, London: SPCK, 2011.

U.S. Congress. *The Violence Against Women Act of 1994.* DC: U.S. Government Information, 1994, Title I, sec. 101-109.

U.S. Department of Justice. *The Privacy Act of 1974: 5 U.S.C. § 552a.* DC: USDJ, 2012.

Vageter, Henrik., Bjarke Peter Thinggaard, Casper Madsen, Monika Hasenbring, and Joans Bloch Thorlund. "Power of Words: Influence of Preexercise Information on Hypoalgesia after Exercise — Randomized Controlled Trial." *Medicine & Science in Sports & Exercise, 2020, 52(11)*, pp.2373-2379.

Wagner, C. Peter. *Your Church Can Grow.* CA: Regal Books, 1976.

Welwood, John. *Toward a Phycological of Awakening: Buddhism, Psychotherapy, and the Path of Personal and Spiritual Transformation.* Boston: Shambhala, 2000.

Wolfaardt, Johan A. "Approaches to the Subject Called Practical Theology." *Journal of Theology for Southern Africa, 51,* 1985, pp.55-62.

Zetterberg, Hans L. "The Practical Use of Sociological Knowledge." *Acta Sociological, 7(2),* 1964, pp.57-72.

Zhen, Guan. "Buddhist Chaplaincy in the United States: Theory-Praxis Relationship in Formation and Profession." *Journal of International Buddhist Studies, 2022, 13(1),* pp.44-59.

四、中文電子資源

恩典教材，《馬太福音》，https://www.endianjiaohui.com/dangan/1205

梁雯晶：《靈性關懷：承接生命重量的指引》，財團法人（臺灣）安寧照顧基金會，網址 https://www.hospice.org.tw/content/1473

社團法人臺灣靈性關懷專業人員協會，https://www.spiritualcaregiver.org/

中醫世家《證治準繩‧痿》，http://www.zysj.com.cn/lilunshuji/zhengzhizhunshengzabing/571-12-5.html

中文和合本《聖經‧舊約‧詩篇》，https://wd.bible/psa.23.1.cunps

中文和合本《聖經‧新約‧約翰福音》，https://wd.bible/jhn.10.11.rcuvs

五、英文電子資源

ACPE. "About ACPE." https://acpe.edu/about-acpe

ACPE. "Accredited CPE Centers." https://profile.acpe.edu/accreditedcpedirectory

ACPE. "ACPE: A Brief History." https://acpe.edu/docs/default-source/acpe-history/acpe-brief-history.pdf?sfvrsn=a9e02b71_2

ACPE, APC, NACC, NAJC, & CASC. *Common Qualifications and Competencies for Professional Chaplains.*

https://cdn.manula.com/user/4287/docs/2017-common-qualifications-and-competencies-for-professional-chaplains.pdf

ACPE. "Prospective Students: Frequently Asked Questions." https://acpe.edu/education/cpe-students

ACPE Manuals. "Objects and Outcomes for Level I/Level II CPE." https://www.manula.com/manuals/acpe/acpe-manuals/2016/en/topic/objectives-and-outcomes-for-level-i-level-ii-cpe

ACPE. "Frequently Asked Questions?" https://acpe.edu/education/cpe-students/faqs

APC. "About Us." https://www.professionalchaplains.org/content.asp?pl=24&contentid=24

APC. "Board Certification." https://bcci.professionalchaplains.org/content.asp?pl=25&contentid=25

BCCI. "2022 Certification Interview Schedule & Application Deadline." https://033012b.membershipsoftware.org/files/2022_certification_interview_calendar.pdf

BCCI. "Certification Graduate Education Equivalency Worksheet." Revised on May 2, 2019, http://bcci.professionalchaplains.org/content.asp?pl=19&contentid=19

BCCI. "Continue Education Program Guidelines for Maintenance of BCCI Certification." https://033012b.membershipsoftware.org/files/ce_guidelines_9-21.pdf

BCCI. "Equivalency Issues for Buddhist Candidates for Board Certification through the Board of Chaplaincy Certification Inc. A White Paper." Revised on May 2, 2019. http://bcci.professionalchaplains.org/content.asp?pl=19&contentid=19

BCCI. "Maintenance of Certification." https://bcci.professionalchaplains.org/content.asp?admin=Y&pl=0&sl=0&contentid=21

BCCI. "Peer Review Guidelines: Five-Year Maintenance of Certification Peer Review." https://033012b.membershipsoftware.org/Files/maintenance_of_certification/peer_review_guidelines.pdf

BCCI. "Graduate Education Equivalency Application." Revised on May 2, 2019, https://bcci.professionalchaplains.org/content.asp?pl=19&contentid=19

Board of Chaplaincy Certification Inc. "Equivalency Issues for Buddhist Candidates for Board Certification through the Board of Chaplaincy Certification Inc. A White Paper." http://bcci.professionalchaplains.org/content.asp?pl=19&contentid=19

CASC. "Certified Spiritual Care Practitioners." https://spiritualcare.ca/certification/certified-spiritual-care-practitioners/

Chaplaincy Innovation Lab. "Buddhist chaplains, as well as this list of Buddhist endorsers (current May 2021), courtesy of Elaine Yue." https://chaplaincyinnovation.org/resources/faith-tradition/buddhist-chaplaincy

Chaplaincy Innovation Lab. "Mapping Buddhist Chaplaincy in North America." May 12, 2021. https://www.youtube.com/watch?v=y2ve1DOxpTk

CPEI. "Home." https://cpe-international.org/

CPSP. "History and Purpose."
https://www.cpsp.org/Web/About/History_and_Purpose/Web/About/History_and_Pu
rpose.aspx?hkey=bdc83492-cb29-4eb4-95bf-ee7371d98251

CSCA. "Home." https://spiritualcare.ca/

Dickson, Hendrick L. "U.S. Navy Commissions Military 's First Buddhist Chaplain." *Navy News Service*, July 22, 2004, available at
https://www.navy.mil/submit/display.asp?story_id=14398

Emmanuel College. "Applied Buddhist Studies within Master of Pastoral Studies." https://www.emmanuel.utoronto.ca/the-centre-for-religion-and-its-contexts/applied-buddhist-studies-initiative/

Encyclopedia Britannica. "Chaplain."https://www.britannica.com/topic/chaplain

Eric Klein. "Protecting Personal Boundaries the Buddhist Way." *Elephant Journal*, November 27, 2018, https://www.elephantjournal.com/2018/11/protecting-your-personal-boundaries-the-buddhist-way/

Harvard Divinity School. "Buddhist Ministry Initiative."
https://hds.harvard.edu/academics/buddhist-ministry-initiative

ICPT. "About." https://www.icpt.edu/about.html

Institute of Buddhist Studies-Berkeley. "Buddhist Chaplaincy."
https://www.shin-ibs.edu/academics/areas-of-specialization/buddhist-chaplaincy/

Kandil, Caitlin Yoshiko. "Pandemic's suffering opens way for Buddhist chaplains." *Religion News Services*, December 2, 2020,
https://religionnews.com/2020/12/02/pandemics-suffering-opens-way-for-buddhist-chaplains/

Knechtel, JJ. "To 'Perform or Provide': Military Chaplains from BYU," *The Daily Universe*, January 2013, https://universe.byu.edu/2013/01/29/to-perform-or-provide-military-chaplains-from-byu/

Naropa University. "About the Program."
https://www.naropa.edu/academics/masters/divinity/about/index.php

Naropa University. "Master of Divinity."
https://www.naropa.edu/academics/masters/divinity/index.php

NewYork-Presbyterian. "Clinical Pastoral Education."
https://www.nyp.org/pastoral-care/clinical-pastoral-education/full-time-residency-program

NY Zen Center. "Professional Chaplaincy Training (CPE)."
https://zencare.org/contemplative-care-training-program/professional-cpe-buddhist-chaplaincy-training

NY Zen Center. "Accredited Contemplative Chaplaincy Training."
https://zencare.org/accredited-chaplaincy-training-cpe/

NY Zen Center. "Master of Arts in Pastoral Care and Counselling."
https://zencare.org/master-of-arts-in-pastoral-care-and-counseling/

Paying for Senior Care. "2022 Federal Poverty Guidelines / Federal Poverty Levels." https://www.payingforseniorcare.com/federal-poverty-level

Providence Health & Services. "Clinical Pastoral Education Residency."

https://www.providence.org/locations/or/portland-medical-center/clinical-pastoral-education/clinical-pastoral-education-certified-educator-residency

SCA. "Requirements for Board Certification." https://www.spiritualcareassociation.org/requirements-for-board-certification.html

Sanctuary Foundation for Prayer. "Home." http://www.fromholyground.org/

St. Luke's CPE Center. "Chaplain Resident Stipends and Benefits—Residency Year." https://www.stlukes-stl.com/services/clinical-pastoral-education/documents/benefits.pdf

Sutter Health. "CPMC Clinical Pastoral Education Schedule." https://www.sutterhealth.org/for-careseekers/clinical-pastoral-education-schedule-cpmc#:~:text=Current%20Residency%20stipend%20%3D%20approximately%20%202436%2C400,dental%2C%20vision%20and%20earned%20PTO

Talent.com. "Chaplain average salary in Canada 2022." https://ca.talent.com/salary?job=chaplain

The American Heritage Dictionary of the English Language, 5th Ed. "Chaplain." https://www.ahdictionary.com/word/search.html?q=chaplain

Union. "The Thích Nhất Hạnh Program for Engaged Buddhism." https://utsnyc.edu/life/institutes/buddhism-program/

University of the West. "Department of Buddhist Chaplaincy." https://www.uwest.edu/academics/graduate-programs/buddhist-chaplaincy/

University of the West. "Buddhist Chaplaincy." https://www.uwest.edu/wp-content/uploads/2018/08/UWest_Academic_Catalog_2018-2019_14-Buddhist_Chaplaincy.pdf

Upaya Institute and Zen Center. "Buddhist Chaplaincy Training Program." https://www.upaya.org/social-action/chaplaincy/

Upaya Institute and Zen Center. "Prison Outreach Program." https://www.upaya.org/social-action/prison-outreach/

U.S. Department of Health and Human Services. "Uses and Disclosures for Treatment, Payment, and Health Care Operations." *OCR HIPAA Privacy,* December 3, 2002 Revised April 3, 2003, https://www.hhs.gov/hipaa/for-professionals/privacy/guidance/disclosures-treatment-payment-health-care-operations/index.html

U.S. Equal Employment Opportunity Commission. "Title VII of the Civil Right of 1964." https://www.eeoc.gov/laws/statutes/titlevii.cfm

Vaughn, John. "'Perform or Provide' — The Chaplain's Guide." *Proclaim & Defend*, June, 2015, https://www.proclaimanddefend.org/2015/06/25/perform-or-providethe-chaplains-guide/

Wagner, Don. "Muslim Chaplain Lives to 'Perform or Provide.'" *U.S. Army*, August 2017, https://www.army.mil/article/191804/muslim_chaplain_lives_to_perform_or_provide

Ward, Davina. "Cost of Living in New York, NY 2022." *Apartment List*, January 31, 2022. https://www.apartmentlist.com/renter-life/cost-of-living-in-new-york#new-york-city-transportation

Zhang, Guoying Stacy. "Serving Humanity in Transition: Chinese Buddhism and Spiritual Care in the United States." *Buddhistdoor Global*, September 8, 2021. https://www.buddhistdoor.net/features/serving-humanity-in-transition-chinese-buddhism-and-spiritual-care-in-the-united-states/

ZipRecruiter. "What Is the Average Chaplain Salary by State." https://www.ziprecruiter.com/Salaries/What-Is-the-Average-Chaplain-Salary-by-State

北美臨床佛教宗教師的理論與實踐
Theory and Practice：Clinical Buddhist Chaplaincy in North America

作　　　者／振冠
責 任 編 輯／林孝蓁
美 術 編 輯／申朗創意
企畫選書人／賈俊國

總　編　輯／賈俊國
副 總 編 輯／蘇士尹
編　　　輯／高懿萩
行 銷 企 畫／張莉榮‧蕭羽猜、黃欣

發　行　人／何飛鵬
法 律 顧 問／元禾法律事務所王子文律師
出　　　版／布克文化出版事業部
　　　　　　台北市中山區民生東路二段 141 號 8 樓
　　　　　　電話：(02)2500-7008　傳真：(02)2502-7676
　　　　　　Email：sbooker.service@cite.com.tw
發　　　行／英屬蓋曼群島商家庭傳媒股份有限公司城邦分公司
　　　　　　台北市中山區民生東路二段 141 號 2 樓
　　　　　　書蟲客服服務專線：(02)2500-7718；2500-7719
　　　　　　24 小時傳真專線：(02)2500-1990；2500-1991
　　　　　　劃撥帳號：19863813；戶名：書蟲股份有限公司
　　　　　　讀者服務信箱：service@readingclub.com.tw
香港發行所／城邦（香港）出版集團有限公司
　　　　　　香港灣仔駱克道 193 號東超商業中心 1 樓
　　　　　　電話：+852-2508-6231　　傳真：+852-2578-9337
　　　　　　Email：hkcite@biznetvigator.com
馬新發行所／城邦（馬新）出版集團 Cité (M) Sdn. Bhd.
　　　　　　41, Jalan Radin Anum, Bandar Baru Sri Petaling,
　　　　　　57000 Kuala Lumpur, Malaysia
　　　　　　電話：+603- 9057-8822　　傳真：+603- 9057-6622
　　　　　　Email：cite@cite.com.my
印　　　刷／韋懋實業有限公司
初　　　版／2023 年 3 月
定　　　價／380 元
I S B N／978-626-7256-55-8
E I S B N／978-626-7256-56-5（EPUB）

城邦讀書花園　布克文化
www.cite.com.tw　WWW.SBOOKER.COM.TW